40歳オーバー、挫折あり、新人、未経験。

絶望の淵で得た、人生を諦めないための教訓

入江慎也

はじめに

2019年6月に発覚した、いわゆる〝闇営業騒動〟をきっかけに、カラテカ・入江慎也は、それまでのお笑い芸人生活を通じて築き上げてきたものをすべて失った。

叱責や批判の声が絶えない状況のなか、反省と謝罪を繰り返す毎日。
自業自得とわかっているからこそ、
なかなか立ち直ることができなかった。

騒動直後、入江本人が「永遠に続くと思っている」と
語っていた〝暗闇〟から、その後、どうやって抜け出したのか。
その過程で何を学んだのか。

この本の制作に取り掛かったのは、2020年。
大きな失敗と挫折の影響を引きずり、傷まみれだった入江が、
それでも、なんとか立ち上がろうと試行錯誤を始めた頃のこと。

華やかな芸能界から切り離され、清掃という未知の領域に踏み出し、
そこからさらに5年の歳月が流れた。

本書には、その間に入江が身をもって体験し、
痛感した教訓の数々が散りばめられている。

信頼を取り戻し、あらためて人生を立て直そうと奮闘した
5年間の行動と心境の移り変わりを、まずは整理しておきたい。

INTERVIEW

――２０１９年６月に所属事務所を契約解除され、いわば〝失業〟してしまったわけですが、当時の精神状態はどんなものだったのでしょうか。

入江　騒動から1年ほどは、呆然としていたとい

うのが正しいかもしれません。あの頃の僕は42歳。すでに若さを売りにする年齢ではなかったし、ずっと芸人を続けていくものだと思っていましたから、突然仕事を失って、どうしたらいいのか見当もつかない状態でした。自責の念と将来への不安が入り乱れて、自暴自棄になりかけていたような気がします。

――そこから一歩踏み出して、清掃会社でアルバイトを始められました。どん底状態まで落ちてから、「何かをしよう」というメンタルになれたのはなぜですか？

入江　まずは生きていくため。そして、迷惑をかけた人たちに「入江は変わった」と思ってもらえる生き方をしなくては……と思ったのが大きいですね。とにかく、何かアクションを起こさないといけないという気持ちだったと思います。

――40代に入って、ゼロから新しいキャリアを積むというのは、なかなか大変なことだと思いますが、そこに気後れはありませんでしたか？

入江　もちろんありました。僕の場合、ゼロからというより、マイナスからの再スタートでしたから、具体的にどうしたらいいのかわからなかった部分もあります。ただ、自分の意思で動かなければ何も変わらないし、ボーっとしていたら時間だけが過ぎて行ってしまうこともわかっていたので、がむしゃらに動いてみようかなと。

——結果、清掃という、未経験の業界に身を置くことになったわけですね。必死にできることを探したという感じですか？

入江　そうですね。最初のうちは、将来が思い描ける状況ではなかったと思います。やることが決まったという意味で、一歩前進ではありましたけど、焦りというか、もどかしさのようなものも感じていました。知識ゼロの状態から、清掃に関するいろんなことを学ぶ必要がありましたし。そんななかで「この先ちゃんと生きていけるのか」「周りの人からの信頼を取り戻せるのか」ということも、毎日考えていました。

――次のステップとして、2020年に清掃会社「ピカピカ」を起ち上げることになります。当時の入江さんからは、「腹を括った感」が見て取れた気がするのですが、そこにはどんな決意があったのでしょうか。騒動直後に比べると、少し前向きになっていたようにも見えました。

入江　いや、前向きになれた、という実感はなかったですね。どちらかと言うと「立ち止まってはいけない。この流れにしがみつかなきゃ」という気持ちでした。ある意味ギラギラしていたとも言えるかもしれませんが、「成功したい！」という

感覚ではなく「現状を変えたい。生まれ変わりたい」という気持ちが強かった気がします。

――ちなみに、その時点では〝芸人〟への未練はなかったのですか？

入江　当初から、もう帰る場所はない、という思いでやって来たつもりです。その反面、心の奥底では無意識に「もし芸人に戻れたら……」と想像することもあったかもしれません。でも、「ピカピカ」を起ち上げてからは、それどころじゃないというか、会社をどう切り盛りしていくかで頭がいっぱいで。未練を感じるような余裕はなくなりましたね。「この世界でどうやって責任を果たすか」ということだけを、考えるようになったと思います。

――会社を起ち上げ、代表になってからの入江さんは、視座も発言もどんどん変わっていった印象です。主語が「自分」から「会社」に変わっていったというか。そこにはどんな心境の変化があったのだと思いますか？

入江　生まれ変わろうと心に決めて、世の中に貢献したいと思うようになり、それを実現するためには、責任感を持って会社という形でやっていくのが最善だと考えました。それが「ピカピカ」を起ち上げた理由なんですが、心持ちとしては、あくまでも「自分がこうなりたい」という考えの延長上にあったと思います。それが、会社を回し始めて社員が増えてくると、不思議なことに自分のことよりも周りのことのほうが重要になるんですよね。「社員を幸せにしなくては」「会社を安定

させなければ」という視点が芽生え始めたんです。「家族を養っていかなくてはならない」という、一家の大黒柱の感覚に近いのかもしれません。

――大きな不安のなかで新しいキャリアをスタートさせてから、早くも5年が経ちます。その間、入江さんを支え続けていたものは何だったんでしょうか。

入江 やっぱり「人」だと思います。先輩や後輩、昔からの仲間、そして、一緒に働いてくれる社員たち。たくさんの人に助けられながら、人生をやり直しているという実感は今でもあります。特に相方の矢部太郎は、どんな時でも僕を叱咤激励してくれます。相方の存在は騒動直後から現在に至るまで、ずっと心の拠り所になっています。

――これからも清掃の世界でやっていける、という実感はありますか？

入江　そうですね。会社を作ってからどんどん社員が増え、最近ではフランチャイズに参加してくださる方も増えてきました。結果が出始めたという現実を目の当たりにすると、今のところ、間違っていないのかな、という実感はあります。

――入江さんは、騒動直後から再三にわたって「生まれ変わらなくてはいけない」とおっしゃられていましたが、自分が変わったという手応えも感じていますか？

入江　正直言って、それはまだわかりません。最終的には周りが決めることかもしれませんし。でも、芸人の頃と比べて変わった点を挙げるなら、先ほども言いましたが、自分のことよりも社員や会社の成功を考えるようになったという点でしょうか。かつては職業柄「自分がいかに輝くか」だけを考えていました。今は「周りの人をどうやって輝かせるか、幸せにするか」ということのほうが大切に思えます。それが一番の変化なのかなと。

——本書には、そういった入江さんの心の機微が丁寧に盛り込まれていますね。章を読み進めるごとに、挫折から希望へと至る心の変化も感じ取ることができますし。ある意味この本は、40代という人生の折り返し地点で大きな挫折を味わい、どん底から這い上がった「入江慎也の再生の軌跡」とも言えそうですね。

入江　そうかもしれません。この5年間、僕の心境は少しずつ変化してきたし、置かれている立場も変わってきました。必死に毎日を生きる過程では、気づくこと、学び直したことも多かったように思います。その時々の行動や考えの〝記録〟をまとめることで、微力ながら、人生の転機を迎える人たちの役に立てればと思っています。

INDEX

第2章

不安を乗り越えたいあなたへ

第3章

自信を取り戻したいあなたへ

第4章 理想の自分に近づきたいあなたへ

第5章

胸を張って前に進みたいあなたへ

222

第1章

挫折から
立ち直りたい
あなたへ

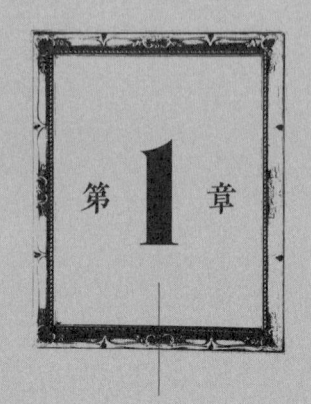

【本章の内容】

闇営業騒動によって、信用や積み上げてきたキャリア、居場所までもを失いました。挫折という表現が適切かわかりませんが、厳しい批判にさらされ、生きた心地がしない状態でした。それでも生きていくために、行動しなくてはならかった僕は、できることと、やるべきことを徹底して整理しました。この章では、当時の僕が、立ち直るための糧にした気づきと戒めをまとめています。

＼ 挫折から立ち直ろうとしている人と分かち合いたい ／

01

入江の教訓

どんな辛辣な声も
「人生のヒント」。
他人にしか見えない
自分を知る機会。

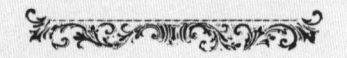

２０１９年に発覚した闇営業騒動直後の
世間からのバッシングは想像を絶するもので、
ありとあらゆる罵声を浴びました。

心ない言葉の数々には、もちろん傷つきもしましたが、
しっかり自分が向き合わなければならない言葉もありました。

騒動から少し時間が経過し、
「いつまでも塞ぎ込んでいるだけでは何も変わらない」
と思い始めるようになった時のこと。

01

どんな辛辣な声も
「人生のヒント」。
他人にしか見えない
自分を知る機会。

「自分に向けられた批判の言葉を
一度きちんと受け止めてみよう」

とあらためてSNSを開くと、スマホの画面が
自分の弱さを映し出す鏡のように思えたのです。

その日をきっかけに僕は、
「他人の目に映る自分も自分自身。目を背けたくなる
コメントも、捉え方ひとつで人生の羅針盤になる」
と思うようになりました。

騒動をきっかけに気づかされた大事な教訓のひとつです。

入江の思考

厳しい批判にさらされ続け
つらくて耳を塞ぎたくなった時

✕ 騒動に対する批判はまだしも、今までの自分の人生を全否定するような言葉にまで耳を傾ける必要はあるのか？

○ すべての言葉に耳を傾けなくちゃ。都合のいい言葉だけを受け入れていたら、また同じ過ちを繰り返すことにならない？

結論

どんな罵声もいつか糧になる！
ありがたく受け入れよう

＼ 挫折から立ち直ろうとしている人と分かち合いたい ／

02

入江の教訓

先が見えている道に
しがみつくよりも
新たなる険しい道を
切り拓くほうを選ぶ。

吉本興業から契約解除を言い渡された時は、
ただただ茫然として、先のことなんて
まったく考えられませんでした。

そのまま家に引きこもって外にも出ない日々が続きました。

そんな僕の精神状態を案じてくれた方々の助言によって、
少しずつこの後の人生について
考え始めるようになったのですが、当初の僕は
それまでの環境を変えることに対して消極的でした。

◎2

先が見えている道に
しがみつくよりも
新たなる険しい道を
切り拓くほうを選ぶ。

芸人の世界以外で働いたことのない僕に務まることなんて
すぐに思い付かなかったし、
何よりも芸人の世界は華やかで楽しいものでした。

具体的な方法が見つからなくても、
芸人の世界以外の場所で働くことなんて
想像だにできませんでした。

ただ、先の見えない道でも
自分で模索していくしかない。

少しずつですが、そう考えるようになりました。

入江の思考

得意だった分野で行き詰まり
あらゆる選択肢を失った時

×

長年過ごした勝手知ったる芸人の世界だからこそ、がむしゃらに上を目指せたわけで。今さら別の世界に行って何ができる？

○

誰にも頼らず、自身でセカンドキャリアを切り拓く。今、努力しなかったら、今後の人生で誰かに認めてもらえる時は訪れないよ。

結論

今の自分に自信が持てなくなった時
ゼロから新しい挑戦をするのもあり

＼ 挫折から立ち直ろうとしている人と分かち合いたい ／

03

入江の教訓

退路を断ってプライドを
かなぐり捨てることで
見えることがある。

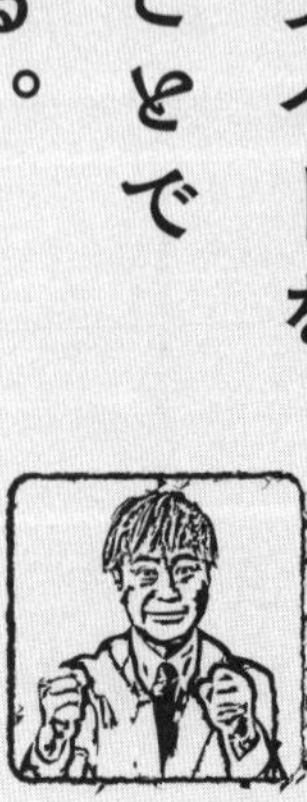

「芸人の肩書きを捨てて生きる」という
選択が現実味を帯びてきた頃のことです。

これまでの努力が無になるつらさだけでなく、
「芸人の仲間たちに会えなくなる」
「もうテレビにも出られない」

といった未練も押し寄せ、ひどく落ち込みました。

しかし、まだまだ続く人生を歩んでいかなければなりません。
過去にすがることも過去をリセットすることもできない。

退路を断ってプライドを
かなぐり捨てることで
見えることがある。

ならば「どんな過去もすべてひっくるめて自分自身なんだ」
と認め、過去を省みながら前に進んで行くしかない
ということに思い至ったのです。

過去と向き合うことで視界が開けた気がしました。
この時にはじめて、第二の人生を歩む心構えが
芽生えたのかもしれません。

「それでも僕を見守ってくれている人の気持ちに応えたい」
という意志もこの時生まれました。

入江の思考

楽しく充実した過去への未練が湧き上がってきた時

×

芸人として積み上げてきたものを簡単に捨てていいのか？　過去の栄光だって捨てたもんじゃない。美しいままにしておこう！

○

いつまでも後ろを向いて生きていくことはできない。前を向くっていうことがどんなことなのか、今一度考えてみよう。

結論

「思い出」を飾り立てるのではなく未来のための糧に変えていく！

＼ 挫折から立ち直ろうとしている人と分かち合いたい ／

04

入江の教訓

「言い訳」は何も変えない。
「自己認識」をあらためて
自分を変える努力を。

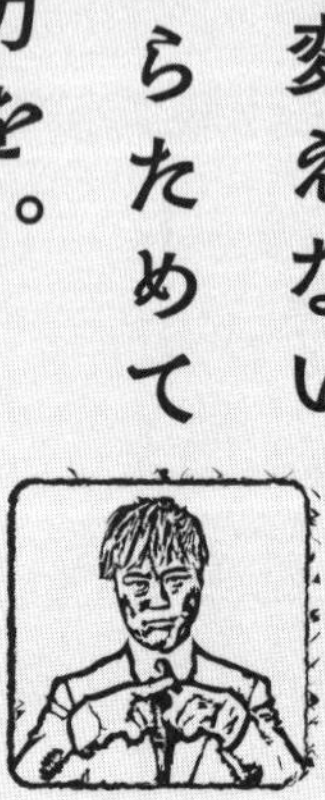

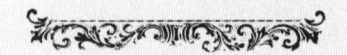

一連の騒動の直後は、たくさんの人に迷惑をかけた自分を、
自身で責め続ける日々を過ごしていました。

時間の経過とともに、少しずつ感情は整理されましたが、
突然、ネガティブな気持ちが
湧き上がる瞬間もありました。

人間とはとても身勝手なもので、
しばらく反省していたと思ったら、突然保身に走ったり、
言い訳を始めたりもします。

しかし、当たり前の話ですが、

04

「言い訳」は何も変えない。
「自己認識」をあらためて
自分を変える努力を。

そんなことで状況が変わったり、
何かが始まったりすることなんてありません。

今になってはっきりわかるのは、
「言い訳のためにどんな理論武装をしても、
現状を変えるきっかけにはならない」ということ。

過ちを脳内から削除するのではなく、
過ちから学び続けようとする姿勢こそが、
本当の意味で必要なことなんだと思います。

入江の思考

失敗に対する反省を忘れ 言い訳をしたくなった時

×

何で俺ばっかり悪者にならなきゃいけないんだ。俺にだって納得いかないことはあるし、言いたいことだってある。

○

この期に及んで「自分を守る」ことに意味があるの？　言い訳したって過去は変わらない。今を変える努力をするんだ！

結論

過去の自分に学びを求め 今を変える努力を続けよう

＼ 挫折から立ち直ろうとしている人と分かち合いたい ／

05

入江の教訓

手に入れた宝物は
永遠には輝かない。
一度すべてを手放せば
新しい宝物が手に入る。

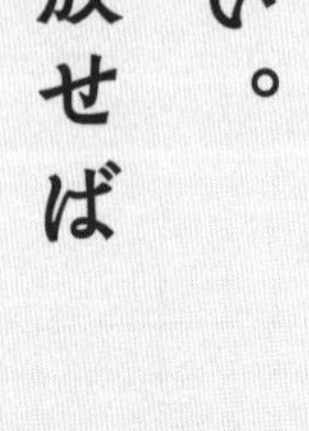

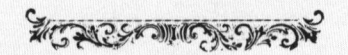

自分が起こした騒動がもとで、
僕はそれまで何よりも大切にしてきた芸人という看板を
下ろすことになりました。

「自業自得だ」と言われれば、
返す言葉もありません。ただ、騒動発覚直後は、
何とかして芸人であり続けられないか、
とも考えていました。

芸人という職業は、僕の人生そのものでしたから。
少し時間が経ち、すべてを手放す決意が固まったのは、
現実を受け止めなければ前に進めないと気づいたからです。

05

手に入れた宝物は
永遠には輝かない。
一度すべてを手放せば
新しい宝物が手に入る。

あれだけ周りに迷惑をかけたのだから、
ここで自分のエゴを押し通しても、未来はない。
そう悟った時、芸人を辞める決心がついたのです。

芸人生活のなかで積み上げた経験が、
大事な宝物であったことは間違いありませんが、
それを捨てることで
未来を考える準備ができたのかもしれません。

結果として当時の僕には必要なことだったのだと思います。

入江の思考

よくない現状に耐え切れず
過去の栄光にすがりそうな時

×

大事なものは、常に手元に置いておきたい。困った時にすがるものがなかったら、不安でしょうがないもんね。

○

過去の栄光は、時に新しい未来の妨げになるかもしれない。過去は向き合うもので、すがったり、愛でたりするものではないよね。

結論

よき時代の思い出は胸にしまい
新しい思い出を作りに行く!

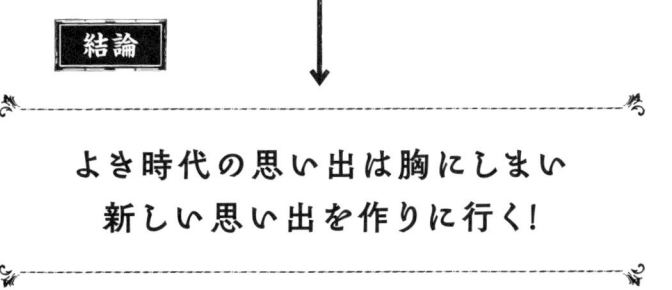

挫折から立ち直ろうとしている人と分かち合いたい

06

入江の教訓

真の友人は心の闇を
明るく照らしてくれる。
困った時こそ
遠ざけてはいけない。

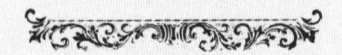

精神的に落ち込み、ネガティブな感情がピークになると、
僕はどんどん内向的になります。

闇営業騒動の直後、
決して取り返しのつかない後悔と自責の念から、
僕は周囲との関係を断ちました。

SNSも止め、ひとりで部屋にこもって
「これからどうしよう……」と思い悩む日々。
そんな状況から僕を救ってくれたのは、友人たちでした。

僕が本当に心を許していた友人たちは、

入江の教訓

◎6

真の友人は心の闇を
明るく照らしてくれる。
困った時こそ
遠ざけてはいけない。

ことの詳細を聞こうともせず、叱責するわけでもなく、
連日連夜、他愛もない世間話で
僕を元気づけようとしてくれたのです。

その気遣いがどれだけ救いになったことか。
孤独というものは、負の感情を増大させ、
時に問題を深刻化させます。

世の中にはさまざまなやセーフティネットがありますが、
「友人」こそが、もっとも身近で心強い存在である
ということにあらためて気づかされました。

入江の思考

ひとりで悩み事を抱えて
殻に閉じこもりたくなった時

× 世間からの信頼を失ったのなら、仲間からの信頼も失ったってこと。これからは孤独に生きていくしかないよな。

○ どんな状況でも見守っていてくれる人はいる。その人を大切にしようと思うなら、恥ずかしくない生き方をしなくちゃ！

結論

時には仲間を頼ってみよう！
助けを求めてもカッコ悪くない！

＼ 挫折から立ち直ろうとしている人と分かち合いたい ／

07

入江の教訓

信頼は積み上がらない。
でも失うのは一瞬。
どんなに大切にしても
しすぎることはない。

騒動直後の僕は、すべての信頼を失った状態でした。
取り戻せるなら取り戻したい。
でも、そんな簡単に取り戻せないものであることを
今なお、日々痛感しながら生きています。

頑張っても頑張っても、
信頼は思うようには積み上がりません。
そもそも頑張ったら信頼してもらえるという
発想が甘いのだと思います。

とにかくこれから僕が社会で生きていくなかで、
信頼を失うようなことだけは二度としない。

入江の教訓 07

信頼は積み上がらない。
でも失うのは一瞬。
どんなに大切にしても
しすぎることはない。

信頼を一番大切にしたい。
これだけはこの先の人生に
どんなことが待っていたとしても
覆らないと思います。

一方で、僕が過ちを犯してもなお、
信頼を寄せてくれる方がいることの
ありがたみも、強く噛みしめて生きています。

人とのつながりが好きな僕にとっては、仲間を信頼し、
仲間に信頼してもらうことこそが、
何にも代えがたい喜びなんです。

入江の思考

誰からも信頼されず
自分の甘さを痛感した時

×

人脈で失敗したからって、また人脈で仕事をしたらダメってことじゃないだろう。成功すれば信頼なんか後から付いてくるよ。

○

信頼を回復するのに時間がかかることを重く受け止めようよ。そうすれば、信頼を獲得することにも必死になれるんじゃない？

結論

確実に信頼を勝ち取って
前向きなメンタリティを手に入れる！

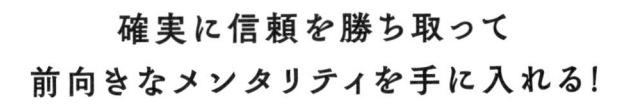

第2章

不安を
乗り越えたい
あなたへ

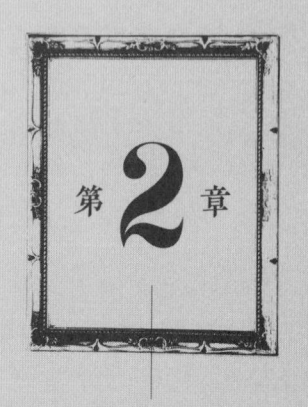

【本章の内容】

生まれ変わると決めた以上、後戻りはしない。そう心に決めた僕ですが、同時に、言いようのない不安に襲われました。芸人時代に得た知見が役に立たない、未知の分野に足を踏み入れたわけですから、当然の話ではあるのですが……。この章では、そんな不安を乗り越えるために、僕が何をしたか、そこからどんな学びがあったのかをまとめました。

＼ 不安を乗り越えようとしている人と分かち合いたい ／

08

入江の教訓

将来を見据えて唱える
「たられば」は
過去を悔いるだけの
「たられば」とは別物。

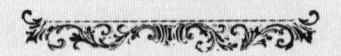

僕は、やたらと過去の失敗を振り返り、
ひとりで気を落としがちな性分です。芸人時代も、
「あの収録の時、こう言えばよかった」
「もっと違うリアクションをしていれば」と、
日々、反省を繰り返していました。

闇営業騒動が報じられた時はいくら反省しても
反省しきれない日々を過ごしました。

自分の行動を後悔し、
頭をよぎるのは過去の「たられば」ばかり。

08

将来を見据えて唱える
「たられば」は
過去を悔いるだけの
「たられば」とは別物。

ただ、どれだけ悔やんでも過去は変えられません。

そんなある時、過去の「たられば」はネガティブだけど、未来の「たられば」に変換したらポジティブになるということに気づきました。

過去の行動に対して「ああしていたら」「こうしていれば」と後悔するだけではなく、未来の行動に対して「ああなったらこうしよう」「こうなればこうしよう」とシミュレーションに役立てることで、同じ過ちを繰り返さずに済みますし、スムーズに判断、行動できるようになっている気がします。

入江の思考

過去を変えられないことに
絶望を感じてしまいそうな時

グチグチと過去の失敗を思い出していても気が滅入るだけだろ？　嫌なことはさっさと忘れるのが一番だよ。

後悔していることがあるのなら、そこから何かを学べばいい。失敗を繰り返さないための新たな方法論を見つけるんだ。

結論

後悔が頭から離れないなら
繰り返さない工夫をしよう！

＼ 不安を乗り越えようとしている人と分かち合いたい ／

09

入江の教訓

人生の選択。
始まりから終わりまで
すべて自作自演の物語。

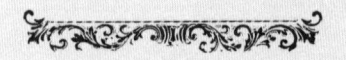

人生の岐路に立った時、いくつかの選択肢が目の前に現れることがあります。

僕が吉本興業を契約解除になり、新しい仕事を探し始めた時もそうでした。

「芸能事務所の立ち上げ」「飲食店従業員」「バーの店長」。友人知人から、さまざまなオファーをいただきましたし、実際に可能性を探ってみたりもしました。

しかし僕が選んだのは、縁もゆかりもなく、未知の分野である清掃のお仕事。

09

人生の選択。
始まりから終わりまで
すべて自作自演の物語。

そして、これだけが唯一、他者から与えられたものではなく、
自ら探し出した選択肢でした。

誰の意見でもなく、自身で決めたことだから、
成功も失敗も自分次第。
責任逃れも、言い訳もできません。後悔もしたくないのです。

人生を変える決断だからこそ、
悔いのないようにベストを尽くすしかありません。

あの時、自分に課した制約は、
生涯にわたって、僕の心を引き締めてくれると思います。

入江の思考

誰の意見も採用せずに
自分自身で決定を下した時

×

紹介してもらったなかからラクそうな仕事を選べばいい。挫折しても「他人から薦められた仕事だから」って言い訳もできるぜ。

○

逃げ道を用意しちゃダメ。自分の道を自分で選べば、行動や結果に対する責任感も高まるはずだよ！

結論

自分の物語を大切にして
悔いだけは残さないようにする！

＼ 不安を乗り越えようとしている人と分かち合いたい ／

10

入江の教訓

踏み出す足の
歩幅は小さくていい。
ただし絶えず動いて
考えて修正する。

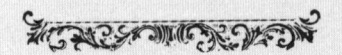

清掃の仕事をすると決めたあとも、

「自分は一般企業で働けるのだろうか」

という不安がありました。


しかし、立ち止まっていては埒があきません。

僕は職場探しにあたり、ふたつのルールを設けました。

ひとつめは
「芸人仲間がアルバイトをしている会社には連絡しない」。
知っている仲間と一緒に仕事をすると、
甘えが出そうだったからです。

入江の教訓

10

踏み出す足の
歩幅は小さくていい。
ただし絶えず動いて
考えて修正する。

ふたつめは「自宅から近い会社を探すこと」。
これは、かつて先輩の家の近所に住むことで、
さまざまな「後輩力」を発揮できていた経験から、
〝物理的な距離〟は意外と重要だと考えていたからです。

清掃のことは何も知りません。
だから自分の今までの経験だけを元にルールを決め、
働きながらその後のことを決めようと思いました。

僕はすぐ、スマホのブラウザに「目黒区　清掃会社」と入力。
検索結果に表示された会社に電話をかけました。
とにかく最初の一歩を踏み出せばいい、と思ったのです。

入江の思考

未知の世界に踏み込むことに
不安を感じて動けない時

新しい職場を見つけるのには、ハードルが山ほどある。そもそも"失敗した"人間を雇ってくれる会社なんてないだろ！

考えているだけでは何も変わらない。最初の一歩を踏み出すことが重要だよ。動いてみれば次の動きも見えてくるはずだから。

結論

悩み続けるだけではなく
結論を導き出すために行動する

\ 不安を乗り越えようとしている人と分かち合いたい /

11 入江の教訓

成功するためには
謙虚な姿勢より
開き直りが大事な
こともある。

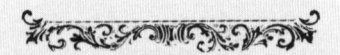

スマホで見つけた就職先候補である
「おそうじ本舗・目黒本町店」に電話をかけ、
働きたい意思を伝えると、すぐに面接日程が決まりました。

第一段階はクリアしたものの、
面接までの間にさまざまな不安に襲われました。

「面接で根掘り葉掘り騒動について聞かれるかも」
「不採用になるどころか、笑いものにされるんじゃないか」
「未経験で突然連絡して、本気じゃないと思われるかも」

そんなネガティブな感情が頭をもたげた時、

入江の教訓

11

成功するためには
謙虚な姿勢より
開き直りが大事な
こともある。

「なんとかなる」と繰り返し自分に言い聞かせ、
頭の中を整理しました。
これは、30代半ば頃から続けている習慣。

「なんとかなる」と言い聞かせ、
「なんとかしよう」と思える時は大丈夫。
「なんともできない」「なんとかなってほしい」
と思ってしまう時は、そのまま進んでもうまくいかない。
問題の切り分けさえできればいいという
根拠のない自信を持ち続けました。

入江の思考

自分で決めたことに対して
明確な自信が持てない時

よく考えてみろ。面接に行ったら「あの入江だ」とすぐバレる。好奇の目で見られ、嘲笑されるかも。つらい思いをするぜ？

不安の原因をよく考えるんだ。ただの杞憂かも知れないし、何か問題があると本能的にかぎ分けているのかもしれない。

結論

未来は予測不可。だからこそ
自分を信じつつ、時折疑うべき

不安を乗り越えようとしている人と分かち合いたい

12 入江の教訓

動き出せないのならば
深く考えずに直感で
行動を起こせばいい。

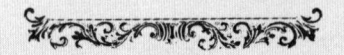

僕が清掃の仕事を選んだのは、
正直言って「ひらめき」でした。
その直感のままに決意を固め、
清掃業について詳しく調べたのは、その後のこと。

しかし、業界事情を知れば知るほど、
「やっぱり僕の進むべき道は清掃業だ」
という思いが強くなりました。

「この先もニーズが絶えない仕事だから」
「清掃のアルバイトを経験している芸人仲間が多く、
アドバイスをもらいやすいから」

12

動き出せないのならば
深く考えずに直感で
行動を起こせばいい。

「ゴミ拾いのボランティア活動に参加したら
充実感を得られたから」
「部屋を掃除すると心がすっきりするから」
決意を後押しする理由は、いくらでもありました。
場合によっては、理由は後付けでもいいのかもしれません。
「これだ！」と思ったシンプルな直観を信じて、
前向きな勢いを大切にしたほうが
いいこともあるのではないかと思うのです。

入江の思考

行動するために必要な理由づけがうまくできない時

×

人生一寸先は闇なんだ。悩んでも答えが出ないなら、ジッとしていたほうが失敗のリスクが減って安全に過ごせるかもよ。

○

いろいろ考えて結局動けなくなるくらいなら、時にはひらめきを優先してもいいんじゃない？　最初の一歩を恐れないで！

結論

「これだ」と感じた瞬間に勇気を持って踏み出そう！

＼ 不安を乗り越えようとしている人と分かち合いたい ／

13

入江の教訓

確信がなくても
自信は持っていい。
経験と実績を重ねれば
自信は確信に変わる。

僕は新しいことを始める時「絶対にうまくいく」と
確信を持って突き進んだことはありません。

それは清掃会社で働き始めた時も、
自分で会社を起ち上げた時も同じ。でも、だからといって
「自分の中にある一抹の不安」を
表に出すことはできないと思っています。

不安を他人に見せることで
ハードルを下げることができる状況もあるかもしれません。
でも、それは自分に対する甘えでしかないと思うのです。

13

確信がなくても
自信は持っていい。
経験と実績を重ねれば
自信は確信に変わる。

たとえば、清掃会社にエアコンの掃除を依頼する時に、
電話口のスタッフに頼りなさそうな対応をされたら
不信感を抱きませんか？

どんな作業にも「はじめて」はあり、不安が付きまといます。
それでも、お金をいただく以上は
プロとしての仕事をしなくてはなりません。

言い訳せずに真正面からぶつかっていく。
そうやって経験と実績を積めば
信頼を勝ち得ることができると信じて、
日々お客様に誠心誠意向き合うように心がけています。

入江の思考

胸の中に抱えた不安が仕事に迷いを生みそうな時

×

環境が変われば、わからないことだらけ。成長しなくていいから、目立たないように永遠の新人としてラクしようぜ。

○

バランスの取れた自負は大切。意識ひとつで成長速度は変わるから、ネガティブな感情に蓋をして、挑戦することが大事だぞ！

結論

成功の確信がなくても自信だけは忘れずに挑む

＼不安を乗り越えようとしている人と分かち合いたい／

14

入江の教訓

未経験であることや無知であることの強みは「先入観がない」という点にある。

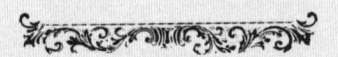

清掃の仕事を選んだのは
「それが唯一自分のなかでピンときた選択肢だったから」
というお話はしたかと思います。

とはいえ、清掃業という仕事自体は、
それまでの僕の人生とはまったく縁のない業種でした。

実際に自分が利用したこともなければ、
細かな仕事内容を知っているわけでもない。
まったくと言っていいほど、知識がない状態でした。

にもかかわらず「やってみよう」と最終的に決断できたのは、

入江の教訓 14

未経験であることや
無知であることの
強みは「先入観がない」
という点にある。

芸人だった頃「他人がやっていないこと」にあえて挑戦してきた経験があり、そこによいイメージを持っていたからかもしれません。

過去に経験した「ゼロからイチを生み出す作業」はどれも大変でしたが、先入観がないからこそ無邪気に全力投球できるという側面がありましたし、知識を吸収しようとする意欲が湧いた気もします。

「無知」を前向きに捉えて突っ走ろう。

それが、清掃業に身を置くことを決意した時の僕の心境でした。

入江の思考

自分が無知なのを承知で未経験の分野に挑戦する時

×　まったく経験のない世界に飛び込むのは効率が悪いな。内容を知っている仕事のほうがとっつきやすいし、失敗もないだろう。

○　ゼロから始めることを恐れない。学ぶべきことはきちんと学びつつ、新参者だからこその視点や発想も大事にしていこう。

結論

未経験ゆえの「無知」をうまく使って「武器」にする!

＼ 不安を乗り越えようとしている人と分かち合いたい ／

15

入江の教訓

まっさらな状態は
不安で頼りないが
あらゆるものを
吸収することもできる。

右も左もわからず、しかもアルバイトという立場で
清掃業界に飛び込んだ当初は、
この仕事の楽しさも、現場での振る舞い方も知らず、
手探りの日々を過ごしていました。
周りからは新卒の新入社員のように見えたと思います。

それでも必死に、見よう見まねで目の前のことに取り組み、
はじめてお客様に感謝の言葉をいただいた時、
芸人時代とはまた違う喜びを感じたことを覚えています。

以来、より現場での作業が楽しくなり、
自分でも驚くほどの速度で、知識を吸収できました。

入江の教訓 15

まっさらな状態は
不安で頼りないが
あらゆるものを
吸収することもできる。

また、お客様との触れ合いも増えていくなかで、
この業界で「自分が求められること」や「お客様が喜ぶこと」が
一体どんなものなのか。
それも、少しずつ理解できるようになりました。

そういった経験によって、独立後のビジョンも
次第にクリアになっていったのです。

久しく感じていなかった「新人」の感覚が蘇ったこと、
そこからのステップアップを実感できたことで、
心境はよりポジティブに変化していきました。

入江の思考

新しく始めた物事に
順応できていない時

何が楽しいのか……。やりがいも喜びも想像できない。やっぱり未体験の仕事になんて手を出すべきじゃなかったのかも。

はじめは誰だってそう。どんな業界であれ業種であれ、経験を重ねて視座を高めることで味わえる喜びがあるんだ。

結論

先が見えないことに怯えず
全体が見渡せるところまで登る!

＼ 不安を乗り越えようとしている人と分かち合いたい ／

16

入江の教訓

立ち塞がる障壁が
大きく見えるのは
自身の思い込みが
膨らみ過ぎるから。

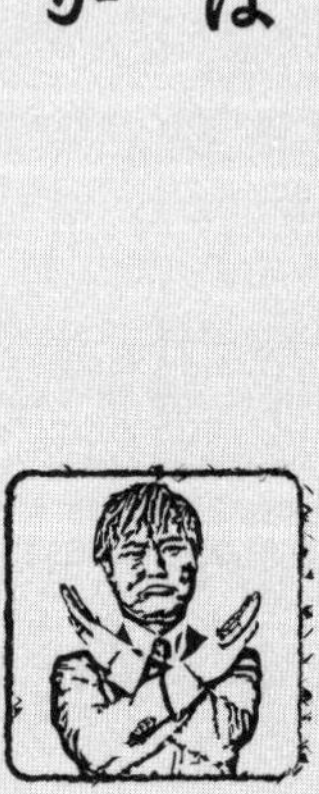

先にも述べましたが、未知の分野に挑戦する場合は、一歩目を踏み出す際に不安を覚えがちです。

僕が清掃の世界に飛び込んだ時もそうでした。


現場でどう振る舞えばいいかわからない。

各作業の工程が把握できていない。

とりあえず頑張ろうと自分を奮い立たせてみるものの、やっぱり不安になることも多々ありました。

しかし今となってみれば、
当時不安に感じていたことなんてちっぽけなことばかり。
「どうしてあんなことで悩んでいたのだろう?」と、

16

立ち塞がる障壁が
大きく見えるのは
自身の思い込みが
膨らみ過ぎるから。

今となっては理解できないようなことがほとんどです。

不安に思うことすべてが悪いことだとは思いません。
時には自分に注意喚起を促すいい機会にもなります。

ただ、不安を募らせすぎてしまうと自分の視野を狭め、
行動を起こす時に委縮してしまうことにつながりかねません。

一度決めたら全力で飛び込むこと。
不安を感じたら少しブレーキをかけて慎重に行動すること。
このバランスの取り方は人それぞれ違うと思うので、
丁度いい力加減を見つけ出すことが大切な気がします。

入江の思考

次々に押し寄せる不安への向き合い方がわからない時

×

新しい一歩を踏み出す時には、入念な準備と下調べがないとダメだろ。少しでも準備が整っていないならじっくり様子見だ。

○

時には慎重になることも必要だけど、行動しないと見えてこないこともたくさんある。動きながら考えることもあっていい！

結論

「不安だからと」縮こまるのはNG
行動することで不安を払しょくしよう

＼ 不安を乗り越えようとしている人と分かち合いたい ／

17

入江の教訓

人生はオムニバス。
過去の自分と
今の自分は
別の主人公。

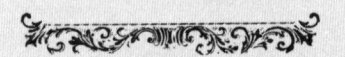

自分の人生の主人公は自分だと思います。
その時点でどんな人生を生きていたとしても、主人公は自分。
人生という長い舞台に、立ち続けていくことになります。

どんな成功もどんな失敗もすべて背負っての
“The show must go on” です。
「幕が上がったら、何があっても
最後まで続けなくてはならない」のです。

清掃業界の道を歩み始めたばかりの頃は、
「芸人を続けていればなぁ……」という考えが
頭をよぎったこともありました。

17

人生はオムニバス。過去の自分と今の自分は別の主人公。

それは、無意識のうちに過去の自分を引きずって、今の自分と比較していたからです。

もちろん、過去も現在も、すべてひっくるめてこそ「今」があるのですが、時には「今の自分」に集中するために、昔の自分を頭のすみっこに移動させることもあっていいのではないかと、思い始めるようになりました。

人生は新たな舞台の連続だと思います。
幕間で昔の自分を振り返ることはあっても、幕が開いたら新しい自分の舞台に立つという感覚です。

入江の思考

忘れようとした過去が
ふいに頭のなかに蘇った時

×
過去はずっとついて回るに決まってるよ。一度失敗したらおしまい。敗北者のレッテルからは逃れられないぜ。

○
過去は変えられないし、なかったことにはできない。それはそれとして、今の人生を生きていくことだってできるはず。

結論

新たなシナリオを作って
心機一転、新たな主役を演じる!

＼ 不安を乗り越えようとしている人と分かち合いたい ／

18

入江の教訓

逆風が吹き荒れても
歩みを止めない。
前に進めなくても
動き続ければいい。

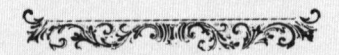

長い人生の間には、必ず好不調の波が訪れます。
何をやってもうまくいかないと感じる時は特に、
亀のように首を引っ込めて、
吹き荒れる風をやり過ごしたくなることもあります。

しかし僕はこれまで、そんな時こそ
あえて積極的に動くようにしてきました。

「動かなければ何も変わらない」と思うからです。

闇営業騒動を引き起こしてしまった当時の僕は、
清掃というまったく経験のない業界に足を踏み入れました。

18

逆風が吹き荒れても
歩みを止めない。
前に進めなくても
動き続ければいい。

「もし今、味方がひとりもいない状況であっても、アクションを起こしていくしかない」

「状況が好転しなくても、次に何をするべきかのヒントが見えるかもしれない」

その行動が足がかりとなって、皆さんの前できちんと反省の気持ちを伝える機会を得られるかもしれない……。

動いた先に、何か必ず見えてくるはずだ。

当時の僕を支えていたのは、そういった思いでした。

入江の思考

厳しい状況に直面し
消極的な気持ちになった時

×

絶不調の時は、何も見るな、聞くな、考えるな。ジッと身を潜めて、状況が好転してくれるのを待つのが効率的だ。

○

やることなすことうまくいかなくても、立ち止まっていたら何も変わらない。とにかくアクションを起こしてみようよ。

結論

結果を恐れず、チャレンジし
再出発の一歩を踏み出そう！

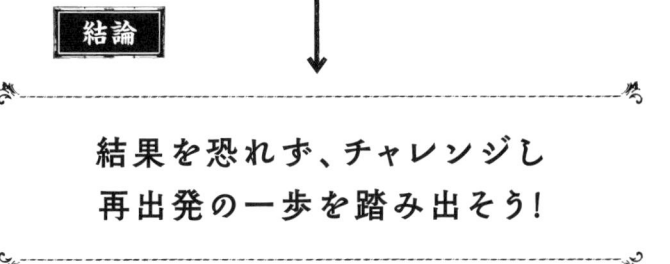

＼ 不安を乗り越えようとしている人と分かち合いたい ／

19

入江の教訓

自分の常識の外にある
他者の意見は
新しい景色を
見せてくれる。

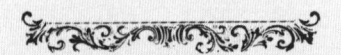

若手芸人時代、コンビの方向性に悩み、
仲のいい先輩にアドバイスを求めたところ
「とりあえず金髪をやめて、黒髪にしてみたらどうか」
と言われました。

最初は言葉の真意を理解できないどころか
「目立たないし、モテなくなっちゃうじゃん」
なんて思う始末。しかし黒髪に変えた途端、
すぐにレギュラー番組が決定したことがありました。

先輩が言いたかったことは
「童顔の入江に金髪は似合わないうえに、

自分の常識の外にある
他者の意見は
新しい景色を
見せてくれる。

見た目の特徴を弱くしてしまう」ということだったんだと思いますが、
当時の僕はそんなことに思い至らず……。

しかしそれ以来「先入観にとらわれず、
他者の意見に耳を傾ければ新しい世界が見える」
という考え方が僕のなかに根付き、
その考えは今も仕事に役立っています。

清掃業界に飛び込んでからも、先入観にとらわれることなく、
自分の会社とは違う清掃方法や清掃道具の知識も積極的に学びました。
その姿勢が、自分のアップデートにつながると思ったからです。

入江の思考

外部からのアドバイスに
納得がいかなかった時

×

自分のことは自分にしかわからないだろ？
他人の助言がピンとこないなら、無視してしまえばいいじゃん。

○

自分の価値観がすべてだと思っているなら大間違い。新たな気づきもあれば、思いがけない展開も待っているかもしれないよ。

結論

あらゆる先入観を捨てて
周囲の意見をまず聞いてみる！

＼不安を乗り越えようとしている人と分かち合いたい／

20 入江の教訓

暗闇のなかにいる時は
怯えるよりも先に
目を凝らして
見えるものを探す。

根っからの心配性である僕は、
いつも「この生活はいつまで続くのだろうか」という
不安を抱えながら生活しています。

芸人時代は特にその傾向が強かったため、
なるべく貯金をするように倹約したり、
お笑い以外のビジネスを展開したりもしました。

当時は、そういった立ち回りをすることで、
不確実な未来へのストレスを
和らげようとしていた気がします。

20

暗闇のなかにいる時は
怯えるよりも先に
目を凝らして
見えるものを探す。

しかし、今になって冷静に振り返ると、
一連の行動の根幹には
「不安があるということは、
今の時点でやるべきことをやり尽くしていないからだ」
という自戒があったようにも思えます。

清掃の仕事を始めた今も、将来への不安は尽きません。
この先も不安がなくなることはないでしょう。

しかしこの不安は、努力と行動によって塗り替えられる
「伸びしろ」なのだと、最近は自分に言い聞かせています。

入江の思考

前向きな思考でいても 些細な不安が解消できない時

✕ 不安が消えないっていうことは、うまくいく可能性が低いってこと。無理をせず、いったん行動をストップするべきだね。

〇 まだまだやり残していることがあるから不安になる。でもそれって、まだ「やれることがある」とも言えるよね。

結論

不安を「やり残し」と捉え 行動を起こすモチベーションに!

＼ 不安を乗り越えようとしている人と分かち合いたい ／

21 入江の教訓

行動に意味を持たせ
自分の意思で
掴み取ったのなら
それは「運」ではない。

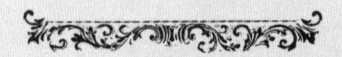

これまでの人生のなかで「運に左右された」と思うことはたくさんあります。

たとえば、僕が吉本興業に入った時の話。

当時、事務所に所属するためのオーディションには、毎月20組以上の参加者が集まっていました。

しかし、僕たちカラテカが受けた月の参加者は、たったの2組。

運よく競争率の低いオーディションに巡り会えたため、芸人になれたというわけです。

次章でも触れますが、

入江の教訓

21

行動に意味を持たせ
自分の意思で
掴み取ったのなら
それは「運」ではない。

僕は「運も実力の内」と考えるタイプ。
ただ、すべてにおいて「運がよかった、悪かった」で
片付けたくはありません。

僕の場合は特に、周囲の人から「不運だったな」と
言われるような出来事に遭遇した時ほど、
自分の行いを振り返り、落ち度を探します。

思い通りに事が運ばなかった時、運のせいにせず、
自分の言動や行動を省みることは、
失敗の本質を学ぶことにつながると考えているからです。

入江の思考

周りの人間に比べて
自分は不運だと感じた時

×

自分でコントロールできない不運な問題ってあるよね。そんな時は誰かが何とかしてくれる。風向きが変わるのを待とうよ。

○

起きた問題を「不運」のひと言で片付けているようでは、また同じことを繰り返すよ。原因を解明して次に備えなくちゃ！

結論

不運だと嘆いて諦めるのは簡単！
運に翻弄されない根本を作る！

＼ 不安を乗り越えようとしている人と分かち合いたい ／

22 入江の教訓

「自分らしさ」は他人の視点を理解することで導き出すことも可能。

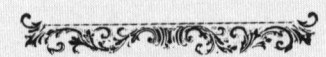

僕は子どもの頃から
「他人の目に映る自分の印象」をとても気にします。
小さい頃からカッコつけだったので、
見た目の評価をはじめ、他人から見た僕の人間性や内面も、
機会があれば積極的に聞いて回ります。

人の意見を聞くことで、
意外な自分を知ることができるからです。

芸人時代に一度、お世話になっている先輩から
「入江＝もがいている印象」と言われたことがあります。
自分では、もがいている意識はまったくありませんでした。

22

「自分らしさ」は
他人の視点を
理解することで
導き出すことも可能。

でもそれ以来「もがく姿も自分の売りにしてみよう」と、
いろんなことにチャレンジしたり、
弱い姿をさらけ出してみたりしたところ、
これまで以上にいじってもらえる機会が増えました。
本当にもがき苦しんでいる時に手を差し伸べてもらい、
助かったことも多々あります。
他人から見た自分を知ることで〝自分らしさ〟が形作られ、
知らず知らずのうちに
成長することもあるのかなと思っています。

入江の思考

自分では知ることのできない
意外な自分の姿を知りたい時

×
他人からの印象なんてアテになるもんか。自分の能力や特長は、自分にしかわからないよ。全部無視しろって！

○
自分で自分の"らしさ"に気づけていないことだってあるかもしれない。他人が引き出してくれる部分もあるはずだ！

結論

自分をよく知る人の意見から
自己認識力を高めてみよう！

第3章

自信を取り戻したいあなたへ

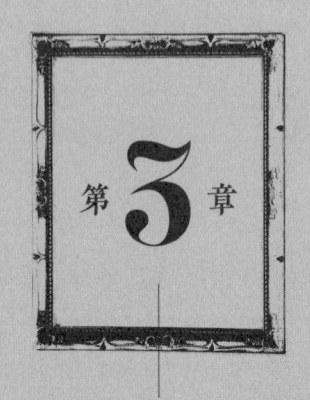

【本章の内容】

清掃の仕事を始めて最初に感じたのは、「新しい環境で居場所を作るには、自分を信じることが大切なんだ」ということ。しかし、過去と現在のギャップに直面するたび、逃げ出したくなる瞬間もありました。そんな中で重要だったのは、冷静に自己分析する力です。この時期、自信を取り戻すためにもがきながら掴んだ感覚を、この章に記しました。

＼ 自信を取り戻そうとしている人と分かち合いたい ／

23 入江の教訓

過去を見つめれば
未来が見えてくる。
過去を飾り立てれば
未来が輝かない。

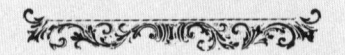

芸人の世界から距離を置き、
清掃の仕事を始めて実感したのは、
自分の過去の経験や、その経験によって形成された個性は、
「プラスにもマイナスにも働く」ということでした。

たとえば芸人として培ったコミュニケーション能力は、
訪問先のお客様との会話で威力を発揮し、
和やかな雰囲気づくりに役立ちました。

逆に「自分は芸人だったんだ！」というプライドは、
清掃の現場では何ひとつ役に立たないどころか、
かえって自分を小さく見せることさえありました。

23

過去を見つめれば
未来が見えてくる。
過去を飾り立てれば
未来が輝かない。

清掃の世界に進み、自分で会社を作り、
環境が新しくなったからといって、
自分自身が新しくなる訳ではありません。

大切なのは必要なものとそうでないものを整理し、
今に生かすこと。

役に立ちそうな経験を意識的に活用し、それが
自分を慰めてくれると思っていたうぬぼれを切り捨てた瞬間から、
仕事をしている自分に充実感を得られるようになった気がします。

入江の思考

自分が持つ経験や実績の最適な活用法がわからない時

×

僕は芸人として全国的にそこそこ知られていた人間。友だちが5000人いる芸人だぞ。何をやっても成功するはず！

○

どんな業界にも「プロ」がいる。別の業界で培った知識が生かせる場合もあれば役に立たない場合もあるのは当たり前！

結論

どんな経験にも肩入れせずその生かし方をフラットに見極める

自信を取り戻そうとしている人と分かち合いたい

24

入江の教訓

心の物差しは
主観と客観
両方のものを
常に用意しておく。

清掃の仕事で現場に出ていた時に、知人から連絡があり
「今からごはんを一緒に食べないか？」と誘われました。

聞けば、お店には顔馴染みの後輩芸人も
何人か集まっているとのこと。

清掃を始めたばかりの頃の僕は、
作業着姿を後輩芸人に見られたくありませんでした。
まだ清掃という仕事に誇りを持てておらず、
みじめに映るんじゃないかと思ったからです。

ただ、この感覚も、独立して自分で営業活動を行い、

入江の教訓 24

心の物差しは主観と客観両方のものを常に用意しておく。

作業の責任を負うようになってから変わってきた気がします。
この日も仕事終わりに、作業着姿のままお店に駆け付けました。
こういった主観は、自分の状況によって変わるものです。

一方でお客様の前では、お客様の価値判断がすべて。
僕がどんなに「一生懸命作業した」と思っても、
お客様に満足してもらえなければ意味がありません。
大事なのは客観的な視点による自己評価です。

その都度、自分の中の「物差し」を使い分けることで、
気持ちを楽にすることができるのかもしれません。

入江の思考

いろんな立場の人を前にして振る舞い方がわからない時

×

「恥ずかしい」「情けない」「かっこ悪い」思いはしたくない。少しでもそんな思いをしそうな場面は全部回避しちゃおう。

○

自分の価値観はその都度変わるし、人から見た自分の評価だってすぐに変わる。一喜一憂せず、柔軟に対応していこうよ。

結論

自分の価値観や他人の評価に縛られない柔軟性を持つ！

＼ 自信を取り戻そうとしている人と分かち合いたい ／

25 入江の教訓

適切な「自画自賛」は
自分の本気を
引き出すための
「自己暗示」になる。

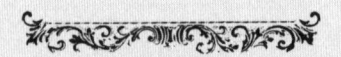

僕の周りには、あえて「自分を褒める」ことで、
仕事のモチベーションを高めている人が何人かいるのですが、
僕にはなかなかそれを真似することができません。
調子に乗りやすい僕のような人間は、自画自賛することで
成長が止まってしまう気がするからです。

とはいえ、日頃から内省的な振る舞いばかりしていると、
いつの間にかネガティブな感情に
支配されやすいこともわかっています。

だから僕は、自分の背中を押したい状況の時だけ、
あえて仲間の前で自画自賛したり、

25

適切な「自画自賛」は
自分の本気を
引き出すための
「自己暗示」になる。

自分を鼓舞する言葉を口にしたりします。
特に、未経験の清掃の仕事では、
そういう機会が必然的に多くなりました。

「今日の仕事、よかったんじゃない？」「この判断は絶対正解！」

継続的に続く仕事の初日など、
高いモチベーションを持続させたいと思った時には、
まず自己肯定感を高めるようにしました。

そしてフィードバックや軌道修正が必要な時に、
一旦冷静な状態に戻ることを心掛けています。

入江の思考

「ここ一番」の場面で モチベーションを高めたい時

✕ 僕なんてちっぽけな存在だし、自分で自分を褒めても何も変わらない。身の丈を知って、大人しくしているべきなんだ。

○ 自己肯定感を高めれば、強く前に踏み出せることはあるかもしれないよ。あえて前向きな言葉を口に出してみようよ。

結論

自分の言葉で自分の背中を押して 勢いよく前に進んでやる!

＼ 自信を取り戻そうとしている人と分かち合いたい ／

26 入江の教訓

たまたま掴んだ幸運も
自分の実力のひとつ。
感謝して受け入れる。

思いがけない出来事からよい結果が得られた時、
僕はその幸運を素直に受け入れるようにしています。

「ただの偶然だから……」と、クールなリアクションをすれば
カッコよく見えるかもしれませんが、
降って湧いた幸運に感謝して喜ぶほうが僕の性格に合っています。

うれしさを爆発させたら、いつかまた同じような幸運を
引き寄せられるかも……と考えるのです。

新型コロナウイルス感染症の流行で、
世間が「清潔」や「消毒」に関心を向けた時期に

入江の教訓

26

たまたま掴んだ幸運も
自分の実力のひとつ。
感謝して受け入れる。

僕が清掃業を始めたのは、単なる偶然です。
その後、清掃の需要が伸びたのも予期していたことではありません。
仕事があるだけでありがたいという社会情勢のなか、
会社を維持できたのは、幸運としか言いようがありませんでした。
でもそんな幸運も、行動していなければ
舞い降りてこなかったものだと思うのです。
動いてこそ、次の幸運が舞い降りてくると信じ
これからもまた頑張っていこうと思います。

入江の思考

期せずして掴んだ成功が ただ「運がよかっただけ」の時

×

幸運、悪運によって左右された結果はノーカウント。ラッキーな出来事を喜んでも、成長が止まるだけだからな。

○

幸運は素直に受け入れればいい。逆に、予期せぬ不幸に見舞われることだってある。すべてひっくるめて人生だと思うべきだ。

結論

予想せぬ偶然も受け止める! 一喜一憂しながらまた一歩前へ

＼ 自信を取り戻そうとしている人と分かち合いたい ／

27 入江の教訓

己を貫き通すことに
自己満足以外の
価値があるのか
冷静に考えてみる。

お笑い芸人をやっていた当時は、
仲間や後輩との議論で「自分が折れたら負け」だと思っていました。
相方の矢部とネタの方向性について言い合いになり、
自分の意見を貫いた結果、険悪なムードになることもありました。

もちろん、そういったこだわりが間違ったものだとは思いません。

しかし、今の僕は昔のように
自分の意見を押し通そうとすることが減ったように思います。

当時の僕の周りには、たくさんの芸人仲間がいましたが、
同じ舞台に立ち、同じ人生を歩む運命共同体は

27

己を貫き通すことに
自己満足以外の
価値があるのか
冷静に考えてみる。

カラテカというコンビの相方・矢部だけ。
とりわけ彼に対しては、自分の意見を主張することを
はばかりませんでした。

清掃の現場には、さまざまな立場の仲間がいます。
立場が違う仲間が集まる環境では、
自分本位な主張は意味を持ちません。
それぞれの立場から見える課題を共有し合い、お互いを頼り、
組織としてどう動くかを考える必要があります。

芸人時代とは異なる思考を求められて苦労することもありますが、
今の仲間たちと分かち合う達成感は、また格別なのです。

入江の思考

組織内で自分の主張が通らず イラついてしまいそうな時

× 芸人だって清掃だって、常に自分が正しいっていうくらい強い気持ちがないとやっていけない。とことん自分を貫き通せ。

○ 仲間と成功するために議論するわけで、主張が通るか通らないかなんて些細なこと。一丸となってゴールに進んでいくだけだ！

結論

さまざまな視点の意見を集めて 未来を立体的に見通そう！

＼ 自信を取り戻そうとしている人と分かち合いたい ／

28

入江の教訓

承認欲求は
摂りすぎても
摂らなすぎても
健康を害する栄養素。

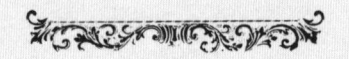

僕には、よく周囲から指摘される欠点があります。
それは、何かと自分の手柄をアピールするかのような言い回しをしてしまうこと。

「あれは僕がやったんですよ」「実は僕も関わっているんですよ」といった具合です。こういった言動は、客観的に見ても気持ちがいいものではありません。

反省してはいるのですが、日常会話の流れでそういう場面があると、つい承認欲求からくる言葉が口を突いて出てしまいます。

承認欲求のすべてを否定するつもりはありません。

入江の教訓

28

承認欲求は
摂りすぎても
摂らなすぎても
健康を害する栄養素。

自分に、適切な自信を持たせてくれるものでもあると思うからです。
でも、やりすぎはよくありません。

自己顕示欲や承認欲求は、
ネガティブな感情や行動にも直結しやすいものだと思うので、
日々自分を戒めています。

とくに現在僕が身を置く清掃の現場では、
何よりもチームワークが大切なので、
自分を認めてもらうことよりも、
他人を認めることのほうが重要だと思うのです。

入江の思考

自己顕示欲や承認欲求が抑えきれなくなりそうな時

×

カラオケも自己主張も同じ。自慢話の声がデカければ、よりたくさんの人の耳に届くわけだ。ボリュームマックスでいこうぜ。

○

「褒めてくれ」「認めてくれ」と主張ばかりする人は、誰からも評価されない。まずは他人の功績を認められる人になろう。

結論

自分を承認することよりも他人を承認することが大切

＼ 自信を取り戻そうとしている人と分かち合いたい ／

29
入江の教訓

誰かの評価に
一喜一憂しても
自分のゴールには
たどり着けない。

承認欲求の話と似ているのですが、
若手芸人だったころに先輩から
「〝褒められたい〟という感情を持つ芸人は、
〝成し遂げたい〟という感情を持つ芸人に一生勝てない」
と言われたことがあります。

その先輩いわく、
「褒められたい人」の行動には、下心がにじみ出てくる。
しかも、他人と自分では評価のポイントが異なるケースも多いため、
「成し遂げる」ために、脇目も振らず邁進する人に比べて、
遠回りをすることになる……ということでした。

29

誰かの評価に
一喜一憂しても
自分のゴールには
たどり着けない。

今まさに僕は、その言葉を痛いほど感じています。

ちなみに僕はここ数年、清掃に携わるようになってから
道端のゴミが気になるようになり、
見つけたら拾うようにしています。

これは「誰かに褒められたい」と思って
やっているわけではありません。

褒められたいわけではないけれど、
こういった些細な行動が誰かの役に立ち、
いつか自分に返ってくることを、少しだけ期待しています（笑）。

入江の思考

他人からの評価が気になり「褒められたい」と思う時

✕ 褒められるってことは、うまく立ち回れているということ。気分がいいし、やる気も出るし、これをずっと続けていこう。

○ 誰かに褒められる＝成功ではないぞ。成功した結果、褒められればいい。その順番を間違えてはダメなんだ。

結論

他人の目を気にすることなく自分のコースを真っ直ぐ走ろう！

自信を取り戻そうとしている人と分かち合いたい

30

入江の教訓

心の距離感や
現在の関係性は
態度よりも
言葉に表れる。

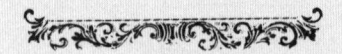

僕は常々「年上の方からは〝タメロ〟で話しかけてほしい」と思っています。

初対面の時は互いに敬語で言葉を交わすべきだと思いますが、なるべく早くに対等語に切り替えてもらいたいのです。

年下の方の、僕への接し方については特にこだわりはありませんが、年上の方に敬語を使い続けられると、自分が相手に「壁を感じさせているのでは？」と心配になります。

だから僕は、年上の方とコミュニケーションを取る時、会話のリアクションや振る舞いを通じて、

30

心の距離感や
現在の関係性は
態度よりも
言葉に表れる。

相手に対等語を使ってもらえるように誘導します。
なるべく僕自身の人柄が出ているほうが
心を許してくれる傾向にあるので、そこに配慮します。

そして僕が敬語で相手は〝タメ口〟という関係が成立すると、
心の距離がグッと縮まり、
公私においてあらゆる会話がスムーズになるのです。

人それぞれだとは思いますが、
僕にとって〝タメ口〟は距離感を計る物差しです。
自分なりの物差しを持っておくと、
一貫性を持ったコミュニケーションにつながる気がしています。

入江の思考

年上の人や面識のない人との心の距離を縮めたい時

×

仕事の現場では、敬語で会話するのが当たり前だろう。お互いに緊張感を持って話したほうがいいに決まってる。

○

年上の相手から対当語を引き出せば、距離は縮まるはず。立ち居振る舞いを工夫して、相手に親近感を持ってもらおうよ。

結論

お互いの「物差し」を尊重すればよりよい人間関係が構築できる

＼ 自信を取り戻そうとしている人と分かち合いたい ／

31

入江の教訓

仕事をこなすための
情報を貪欲に
集めた先にこそ
成長が待っている。

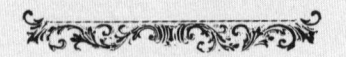

目の前の仕事だけでなく、もうひと回り外側にあるモノ、コト、ヒトに目配せし、関わりを持とうとすることは、成長するうえで大切な心がけだと思っています。

清掃の仕事を始めた当初は、ただがむしゃらに目の前の業務をこなせばいいと考えていました。でも、この仕事を続けているうちに、「ただ、やればいいというわけではない」とも思えてきました。

日々やるべき業務に漫然と向き合っているだけでは、技術や知識の向上は望めるかもしれませんが、必ずしも自分が成長しているかは、わかりません。

31

仕事をこなすための
情報を貪欲に
集めた先にこそ
成長が待っている。

どうしてこの業務が発生しているのか、
顧客は何をどう考えて依頼しているのか、
よりよい業務は存在しないか、価格設定は適切か……。

業務の周辺にあるさまざまな要素への理解に努めて
はじめて、その仕事に習熟したと言える気がします。
すると、仕事中に見るもの聞くもの、
一見仕事とは関係ないと思えることまで
すべてに注意を払うようになります。

新たな気づきや発見は、成長の糧。
ひとつたりとも見逃したくないのです。

入江の思考

日々の仕事を単調に感じ さらなる成長を熱望する時

×
いかにルーティーン化するか。それがもっとも効率的かつ楽な仕事術だ。余計なことはするな。目の前のことだけやればいい。

○
仕事に関する情報は少しでも多く集めたほうがいい。些細な周辺の情報が、大きな課題解決につながることだってあるから。

結論

単調だと思っているうちは 仕事の本質が見えていないと心得る

第4章

理想の自分に近づきたいあなたへ

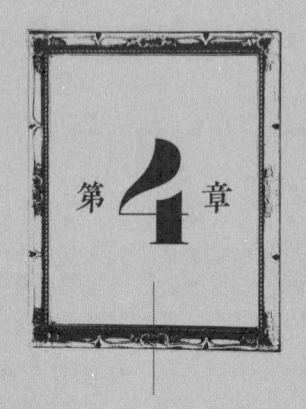

【本章の内容】

新たな役割を担うなかで、僕が気づいたのは「誰かのために働くこと」の重要性でした。大それた野望や私利私欲のためでなく、仲間やお客様の幸せを第一に考えることが、目指すべき自分の〝理想像〟だと思えたのです。仕事にも慣れ、「自分の責任を果たさなければならない」という強い意識が芽生えた頃に見えた世界を、この章でお伝えしたいと思います。

＼理想の自分に近づこうとしている人と分かち合いたい／

32 入江の教訓

悲劇の主人公に
見立ててみれば
もう一歩進むための
活力になることもある。

自分の意思にそぐわない課題に直面した時、
「エイヤ！」と勢いでこなせているうちはいいのですが、
連続すると心が疲弊します。

今は清掃の仕事をいただけること自体、ありがたいのですが、
芸人時代の僕は、嫌な仕事にもがむしゃらに向き合い、
ストレスを溜め込むことも少なくありませんでした。

でも数年前に、解決策を見出してからは、
ちょっとだけうまく向き合えるようになったと思います。

その方法とは、「自分に酔う」こと。

入江の教訓 32

悲劇の主人公に
見立ててみれば
もう一歩進むための
活力になることもある。

ポジティブな感情が湧かないのであれば、
苦境に立ち向かう自分を「カッコいい」と思い込むのです。
シンプルなことではあるのですが、
これだけで、心の持ちようはだいぶ変わるんです。
時に仕事でしんどい思いをすることがあっても、
「俺って今、輝いてるじゃん」
と自分の中でささやかに思い、心に魔法をかければ
少し踏ん張れるような気がするのです。

入江の思考

不平不満を言わず働くことに
限界を感じ始めている時

×

やりたくないことはやらないほうがいいに決まってる。信用を失ってもいい。売り上げが落ちてもいい。全部逃げちゃおうよ。

○

仕事なんだからきっちり頑張ろう！　どんな仕事にも果敢に挑戦する自分ってカッコよくない？　自分で自分に酔ってみない？

結論

自分をおだててそれを真に受ける！
ひとり芝居で勝機を見出そう！

＼理想の自分に近づこうとしている人と分かち合いたい／

33 入江の教訓

過去を振り返り
未来の糧にすることは
過去の栄光に
しがみつくことではない。

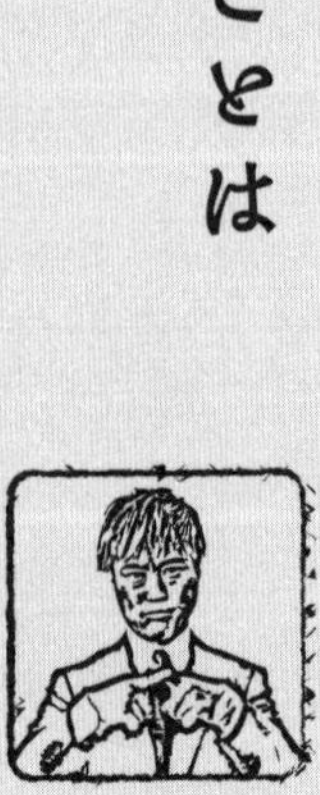

清掃業界に転身して1年ほど経った頃、
掃除ではないお仕事のオファーがちらほらと
僕のもとに届くようになりました。

多くの方を巻き込んだ騒動を起こし、
メディアから遠ざかっていた僕に「今の心境を語ってほしい」
というような依頼が多かった気がします。

正直、悩みました。
オファーを受ければ、出演料をいただけるし、
昔のように、芸人としてちやほやしてもらえるかもしれません。

33

過去を振り返り
未来の糧にすることは
過去の栄光に
しがみつくことではない。

「少しくらいなら露出してもいいのでは？」
という思いが頭をよぎりました。

でも、最終的に僕は、それらのオファーをすべてお断りしました。

「今は、自分のセカンドキャリアの足元を固めることに
専念する時期。ここで昔のキャリアにこだわってしまうと、
中途半端になってしまうぞ」と自分に言い聞かせました。

頭にチラついた「過去の栄光」に惑わされることなく、
あらためて今を生きることに
フォーカスした瞬間だったように思います。

入江の思考

前だけを向いて進むさなかに
後ろを振り返りたくなった時

依頼をもらえたならメディアに積極的に出ていけよ。自分のことを面白おかしく話せば、昔よりウケるかもしれないぞ。

信頼してくれる人を二度と裏切らないために、自分自身の「けじめ」のために、生まれ変わると決めた時の気持ちを忘れるな！

結論

過去にいかに折り合いをつけ
現在に集中するかを考える！

＼理想の自分に近づこうとしている人と分かち合いたい／

34

入江の教訓

もっとも簡単で
即効性のある自己改革。
それは他人の考え方を
真似てみること。

元来、とてつもなくネガティブ思考だった僕が今、
多少なりともポジティブでいられるのは、
相方の矢部のおかげと言えるかもしれません。

若手芸人時代の僕は、
仕事のない日が続くと、必要以上に落ち込むことがありました。

しかし矢部は、同じ状況に立たされても
「おかげでネタを作る時間ができた」と考えるタイプ。

彼は「仕事がなければお金は入ってこないけど、
空いた時間を有意義に使えば、未来は明るいはず」と、

34

もっとも簡単で
即効性のある自己改革。
それは他人の考え方を
真似てみること。

いつも前向きな言葉を発していました。
あれから20年近くが経ち、なんとか前に進めているのは
矢部の考え方に多少なりとも影響を受け、真似ているから。
自分の考え方を重視するべき場面もありますが、
行き詰まった時に、他人の思考を真似てみると新たな気づきがあり、
視座が高まる感覚があります。
「どうすればいいかわからない」と迷いかけた時には、
「自分が信頼している人ならどうする?」と、捉え方を変えてみると
いいかもしれません。

入江の思考

自分のいつもの思考では問題が解決できそうにない時

×

自分には自分のことしかわからないし、他人には他人のことしかわからない。だから自分の価値観だけを信じて生きるんだ。

○

自分の考え方には、先入観や偏りがあるかもしれない。周囲の人の思考を真似てみたら、客観的になれそうな気がするよ。

結論

普段と違う見方をしてみたければ他人になりきって考えてみる

＼理想の自分に近づこうとしている人と分かち合いたい／

35
入江の教訓

若き日の自分が
「情けなかった」と
嘆いたところで
未来の自分は成長しない。

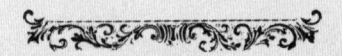

僕は成功している誰かと自分を比べ、
焦りを感じることで発奮する性格。
かつての僕は「過去の自分」まで持ち出し、
誰かと比較してしまうことさえありました。
若くて勢いのある人を見ると、相手と同じ年齢の頃の
自分と比較し、後悔することもしばしば。

「あの頃の自分が、彼らと同じくらい頑張っていたら、
今の景色はもっと違っていたはずなのに……」と、
世の中の仕組みに疎く、努力の意味さえ履き違えていた
昔の自分を責めたりもしました。

35

若き日の自分が
「情けなかった」と
嘆いたところで
未来の自分は成長しない。

でも、清掃業界に身を置き、自分の足で歩み始めてからは、
それが無駄なことだと気づきました。

過去の自分を嘆いても、人生はやり直せません。

それだけでなく、過去の自分のせいにすることで、
今の自分が責任を回避しているようにも思えたのです。

それよりも、二度と同じ過ちを犯さないことを目指したい。
今は、50歳の節目までに残された時間を大切にし、
後悔することのないよう精進しようと思っています。

入江の思考

過ぎてしまったことを嘆き
昔の自分を責めたくなる時

成功を収めている若い子たちはみんな真面目だし、努力も怠らない。なぜ僕は大事な20代を無駄に過ごしてしまったのか……。

時間を巻き戻して後悔することで、今の自分への言い訳にしようとしてない？　それよりもこれから何をするかが大事だよ。

結論

過去の自分を嘆くのをやめ
これからの自分の行いに責任を持つ

＼理想の自分に近づこうとしている人と分かち合いたい／

36

入江の教訓

自分の意見を持たず
助言だけ求めるのは
行動に対する責任を
放棄するのと同じ。

新たな挑戦は、常に未知との戦い。
進むべき道がわからなくなった時は、
複数の知人・友人に相談するのが僕の習慣です。
ただ、時には相談すればするほど袋小路に迷い込む
ことも、昔は少なからずありました。

今になって思い返すと、そうなる時はだいたい、
自分の中で考えを詰め切らず、
相談相手に丸投げしていただけだった気がします。

清掃業界で働くようになってからも、

36

自分の意見を持たず助言だけ求めるのは行動に対する責任を放棄するのと同じ。

何度か同じ失敗を繰り返し、そのことに気づいた僕は、最低でも全体の半分までは自分で考えを固め、残り半分の迷いを人に相談するようになりました。

他人の意見を加味し、再度自分で考えて結論を出すことで、少しずつ、失敗が減ったように思います。

人によって、自分の考えと人の意見を擦り合わせるベストなバランスがあるはずです。
そのバランスを探り当てられれば、効率よく、最適な意思決定ができるのではないでしょうか。

入江の思考

自分で考えることが億劫で他人に決めてほしくなった時

×

自分ではどうしようもないから、他人に相談するんだろ？　その結果失敗したって、それはしょうがない。誰も悪くない。

○

自分で考えて結論が出ない時、人に相談するのは悪いことじゃない。でも自分で何も考えず、他人任せなのは意味がないよ。

結論

他人の助言に耳を傾けつつも自分できちんと舵取りしよう！

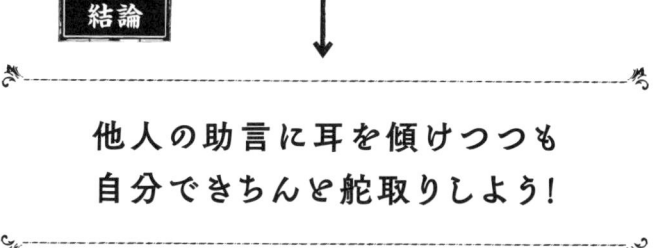

\理想の自分に近づこうとしている人と分かち合いたい/

37 入江の教訓

「思っているだけ」と
「表明する」の間には
とてつもなく大きな
隔たりがある。

自分の立場や相手の気持ちを考えて、
空気を読むことは大切です。
ただ、人生を左右するような決意に関しては、
どれだけ無謀でも、言葉にすることが重要だと考えます。

僕は、清掃会社のアルバイトの面接に行った際、
はじめて会った社長に「2カ月後に独立したいです」と伝えました。
今思うと失礼な話で、
もう少し伝え方を工夫するべきだったとも思いますが、
社長は「頑張れば独立できますよ」と言ってくれました。

今振り返っても、あの時に

入江の教訓

37

「思っているだけ」と
「表明する」の間には
とてつもなく大きな
隔たりがある。

僕の無謀な意思表明を受け止めてもらえたのは、
本当にありがたいことだったと思います。

僕が突拍子もないことを言っても、
止めないでほしいという意味ではありません。
言語化することが大事だと思っているのです。

言葉にすることで思考は具体化するし、
見当外れな決意も口に出してみれば、
間違っている部分を指摘してもらえるでしょう。
思いを思いのままで終わらせないためにも、
積極的に発言をしていくようにしたいものです。

入江の思考

口にするのが恥ずかしく
決意を胸に留めておきたい時

✕ 思ったことを何でもかんでも口に出したらいいってもんではないだろう。余計なことは人に伝えず、密かに思っておけばいい。

○ 強い信念があるなら、ちゃんと伝えよう。言葉にすることで明確な「目標」に変わるし、必要な努力も見えてくる。

結論

大事な決意はとりあえず口にする!
貫くかやめるかはその後でいい

＼理想の自分に近づこうとしている人と分かち合いたい／

38
入江の教訓

どんな言葉でも
一度正面から受け止める。
その先に見えるものが
きっとあるから。

清掃の仕事を続けていると、
「誰のためでもなく、自分のために頑張れている」
と思える瞬間が、徐々に増えてきました。

これは本心であり、カッコをつけているわけではありませんが、
「イメージを回復して、もう一度芸人に
戻りたいだけなんじゃないの？」
という言葉を投げかけられることもあります。
でも、胸を張って「違う」と言わせてください。

今、僕の心の中の大部分を占めるのは
「既成概念にとらわれない清掃会社を育て上げたい」

38

どんな言葉でも
一度正面から受け止める。
その先に見えるものが
きっとあるから。

そして「清掃業界を全体を盛り上げたい」という信念です。
おこがましいとは思いますが、僕はそういう気持ちで
清掃という仕事と全力で向き合っています。

大きな過ちを犯した僕の言葉では
説得力に欠けてしまうのかもしれません。
言葉に重みが出ないのかもしれません。

言葉で伝わらなければ、行動で示していくしかないと思っています。
僕のことを信用できない方にこそ認めていただけるよう、
日々を過ごしています。

入江の思考

犯した過ちの印象を挽回できていないと感じる時

×

自分のことを快く思わない人だっている。
そんなの相手にしていたらキリがないよ。
自分に好意的な人とだけ向き合っていこう。

○

失敗を犯した自分への辛辣な言葉にも、
真摯に耳を傾けてみる。それは、行動を見
つめ直す時の参考になるはずだよ。

↓

結論

自分に向けられた言葉はすべて自分のことを考えてくれた証だ

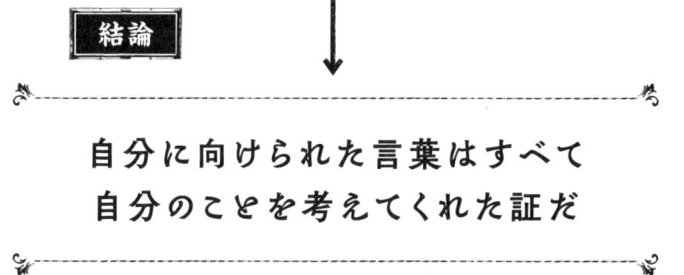

＼理想の自分に近づこうとしている人と分かち合いたい／

39
入江の教訓

日々の些細なことに
意識を向ければ
翌日の振る舞いが
変わってくる。

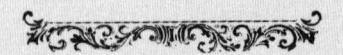

寝る前のわずかな時間を使って、
その日にあったことをダイジェストで振り返ることは、
僕にとって重要な習慣です。

とくに僕が意識するのは、自分や他人の心が動いた瞬間です。
気になった言葉や行動はスマホにメモを残し、
ポジティブ、ネガティブを問わず
心が揺れ動いた瞬間、何があったのかを見返すことが、
僕にとってちょうどいい、一日の振り返りになるのです。

もちろん、常に相手の心の機微を気にしながら
コミュニケーションを取っていますが、

入江の教訓

39

日々の些細なことに
意識を向ければ
翌日の振る舞いが
変わってくる。

あとでその場面を反芻することでいろいろな再発見があり、
それは翌日の仕事のモチベーションにもつながります。
「今日はこうだったから、明日はもっとよくできるぞ」
と思えるのです。

毎日、少しでもいいから進歩できるように、
目一杯、身体を使って清掃の仕事をした日でも、
睡眠前の「プレイバック」を続けていきたいと思っています。

入江の思考

毎日進化を続けるためには
よい習慣が必要だと思った時

毎日がむしゃらに生きていると、いいことも悪いこともたくさん起きるんだから、全部を振り返るのは難しいんじゃない?

1日という短いスパンで振り返りができれば、細かな軌道修正も効きそうだよ。アバウトでもいいから、思い返してみようよ。

結論

より適切な行動が取れるように
日々の振り返りを大切にしよう!

40 入江の教訓

何気ない毎日の行動を
客観的に見つめ直すと
思いがけないところに
伸びしろがある。

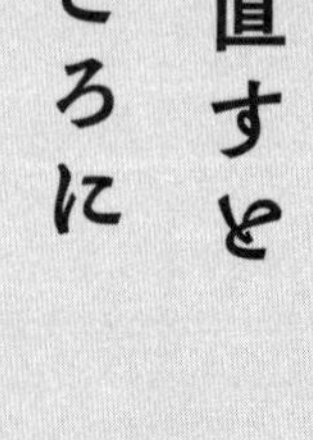

僕は学生の頃から、お世話になった方には
必ず連絡先を聞くという習慣がありました。

翌日「昨日はお世話になりました」と
連絡を入れるのがマナーだと思っていたからです。

当時はSNSなどもなかったので、
電話番号やポケベルの番号を聞いておかないと、
二度と連絡が取れない可能性もありました。

だからこそ「連絡先を聞く」という行為に
こだわっていたのだと思います。

40

何気ない毎日の行動を
客観的に見つめ直すと
思いがけないところに
伸びしろがある。

その習慣はのちに「人脈を広げるスキル」として、
テレビなどでも話題にしていただきましたが、
僕にとってはごく自然な行動でした。

これはあくまでも一例ですが、
自分では当たり前のことだと思っている行動が、
実は意外なところで役に立つということがあります。

自分には特別なスキルはないと残念がらず、
日々の振る舞いや習慣のなかに、
人生において役立ちそうなことがないか、
見つめ直すのもいいかもしれません。

入江の思考

自分には磨き上げたスキルや経験がないと落ち込んだ時

×
仕事で成功するには、経験やスキルがものを言う。特別な技術や知識を持たない自分は、何も成し遂げられないかもね。

○
自分で意識したことのない能力や技能がまだ眠っていると考えたらワクワクしない？ 磨けるものは磨いたほうがいいと思うよ。

結論

仕事に生かせる習慣がないか自分を客観的に見てみよう！

＼理想の自分に近づこうとしている人と分かち合いたい／

41

入江の教訓

小さな目標は
大きな目標に
向かって進むための
道筋を照らしてくれる。

僕は日頃から、ネガティブな感情を抱かないように心がけていますが、根拠のないポジティブシンキングも注意しなければいけないと思っています。

実際、「絶対に掴み取ることができる」と信じていた芸人としての大成功は、手中に収めることができませんでした。今後もやってきたことが報われない場面があるかもしれません。

でも、だからと言って、夢を持つことが無意味だとも思いません。

今の僕には、「自分が起ち上げた清掃会社を全国展開させる」という夢があります。その新しい夢を確実に掴むために、

41

小さな目標は
大きな目標に
向かって進むための
道筋を照らしてくれる。

芸人時代とは違うアプローチをしています。

いきなり、遥か先の夢をひたすら追ったりはしません。
夢への進捗状況を確認しながら進んでいくために、
日々、小さな目標を設定し、クリアするようにしたのです。

小さな目標をチェックポイントとし、
それを着実に乗り越えながら、大きな目標を目指そうと思います。

夢の実現が山の頂上だとして、ワクワクしながら
「自分が今、何合目にいるのか」を知ることは、
次の一歩を踏み出すための励みになってくれるはずですから。

入江の思考

まず大きな目標を立て 成功に至る道筋を思い描く時

×

夢は大きければ大きいほどいいって。叶うか叶わないかなんて時の運。自由に抱いてもいいのが夢じゃないか。

○

夢を実現しようとすることが生きていく一番の原動力。夢を夢のままで終わらせないように、着実に軌道修正しながら進もう。

結論

夢の実現は、連続する小さな目標を達成し続けた先に待っているものだ

＼理想の自分に近づこうとしている人と分かち合いたい／

42

入江の教訓

目的意識を持って
前に進むためには
時間の使い方を
考えることが第一。

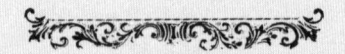

明日できることでも、できるだけ今日のうちに終わらせよう。

ここ数年で僕がそう考えるようになったのは、
前倒しすることで生まれる時間的、
または精神的余裕の有益性に気づいたからです。

たとえば、三日かけていい清掃の仕事があったとして、
それを二日で終わらせる。

作業工程を工夫し、可能であればスタッフも増員して
達成さえすれば、余った一日を別の現場に充てられるし、
その日を休みにすることだってできます。

42

目的意識を持って
前に進むためには
時間の使い方を
考えることが第一。

前倒しにできればメリットが生まれると思うと、
やる気も上がるのです。

だから僕は、どんな小さな仕事にも、
明確な締め切りを設けます。

そして、締め切りからどれだけ前倒しで、
タスクを完遂できるかを自分に課します。
その積み重ねが、時間を有効に使いながら、
より大きな成果を生むための礎になると思っています。

入江の思考

日々のスケジュールに
余裕があることに気づいた時

×

締め切りをタイトに設定しすぎると、自分を追い込むことになるぞ。無理のないスケジュールでゆっくり仕事をこなしたいね。

○

きっちり締め切りを定めたうえで、スケジュールを前倒そうとする意志があれば、業務の効率化がより進むこともあるはず。

結論

時間に追われるのではなく
追いかける気持ちで仕事する

＼理想の自分に近づこうとしている人と分かち合いたい／

43 入江の教訓

一度発信したことを
取り下げるのは
悪いことでも
ダサいことでもない。

僕は昔から、仲間の前だけでなく、
お客さんやスタッフに対しても、
「自分はこういう人になりたい」「こんな夢を持っている」
ということを隠さないタイプでした。
ただ当然ながら、その願いをすべて叶えてきたわけではなく、
結果として「前言撤回」したことも数知れません。

芸人時代の公の場での意思表明はメディアに取り上げられ、
世の中に広まりやすいため、
発言を訂正したり、軌道修正したりするたびに
「アイツはダサい」と揶揄されてしまうこともありました。
けれども僕は「前言撤回」が恥ずかしいことだとは思いません。

43

一度発信したことを
取り下げるのは
悪いことでも
ダサいことでもない。

環境をはじめとするさまざまな要因の変化や、
経験を積むことで起こる意識のアップデートとともに、
考え方は変化して当たり前だと考えているからです。

さらに言えば、「前言撤回」を表明することで、
周りから思わぬフィードバックを得られて
より適切な軌道修正が可能になることさえあるのです。

「ダサい」「男らしくない」といった理由で
前言撤回に怯え、慎重になるよりも、
素直にその時々の思いに沿った意思表明をして前に進むほうが
成長の速度が上がるのではないかと思っています。

入江の思考

声高に宣言したものの その内容を変えたくなった時

×　一度言ったことの内容を変えるなんてダサすぎる。体裁が悪いから、せめて表面上は同じことを言い続けたほうがいいぞ。

○　今の自分が何を考えているか表明して、必要なら軌道修正する。そうすれば自分をどんどん進化させられるんじゃない?

結論

前言に縛られて停滞するくらいなら撤回して成長速度を上げていこう

＼理想の自分に近づこうとしている人と分かち合いたい／

44 入江の教訓

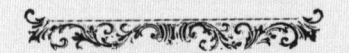

せっせと薪を集めても
火が点けられなければ
暖を取ることはできない。

一生懸命やっているのに、なぜ結果が出ないんだろう?
皆さんも一度くらい、そんな感覚に陥ったことがあるのでは。

僕は今までに何度も「結果がついてこない」と感じた経験があります。
清掃業界に身を置き、いろんな知識や技術を身につけ始めた時にも
そんな思いにとらわれました。

その都度僕は「まだ努力が足りないだけだ」と、自分に言い聞かせ、
仕事と向き合う時間を増やしましたが、結局好転せず……。

今思えば、当時の僕は「努力」というものは、
作業時間を積み上げることとイコールだと思い込んでいて、

44

せっせと薪を集めても
火が点けられなければ
暖を取ることはできない。

正しい「努力」ができているかどうかの精査を怠っていたのです。

目標や夢に向かって「努力」を始めるきっかけは、「やってみたい！」というひらめきでもいいでしょう。

ただ、その後に積み重ねる努力の〝質〟や〝方向性〟については、常に見直す姿勢を持たなくてはなりません。

そうでなくては、努力が「徒労」に終わることが多くなります。

だから僕は、苦境に立たされている時こそとくに、「もっと努力を積み重ねれば報われるはず」ではなく「この努力の方向性で合っているのか？」という視点で、物事に向き合うようにしています。

入江の思考

一生懸命やったはずなのに
満足のいく結果が出ない時

×　努力は裏切らない。結果が出ない時はとくに、目の前のことに没頭しよう。そうすれば苦しい状況を忘れて努力を続けられる。

○　せっかく時間や労力を費やすのなら、確実に結果につなげようよ。必要なのは体力じゃなくて継続的な軌道修正だよ。

結論

「やった気」になるためではなく
「やり切る」ために努力を重ねる!

\理想の自分に近づこうとしている人と分かち合いたい/

45 入江の教訓

激しい感情の高まりは
成長意欲の表れ。
涙が流れたら
「やる気」を出す合図。

僕は40歳を過ぎたあたりから、
大っぴらに感情を表す場面が減ってきたように思います。

今ではもう、若い頃のように、
急に不機嫌になったり、怒ったりすることはほとんどありません。

ただ、お酒を飲んだ時に「泣く」ことはあります。

自分のふがいなさや後悔の念に対して、涙が出てしまうのです。
こうやって文字にすると恥ずかしい限りです。
ただ、一方ではまだ自分のなかに
「思うようにならなくて悔しい」「自分が情けない」

45

激しい感情の高まりは
成長意欲の表れ。
涙が流れたら
「やる気」を出す合図。

「もっと頑張らなくてはならない」という気持ちが
残っている証だとも思っています。

泣くという行為は、ストレス発散につながるという言説もありますが、
僕にとっては違います。

もちろん、泣こうと思って泣くわけではありません。

ただ、自然と泣けてしまった時は、
「涙を流せるうちは、まだ頑張れる」と自分に言い聞かせ、
気合いを入れるためのよい機会だと思うようにしています。

入江の思考

ネガティブな感情が溢れ
思わず涙を流してしまった時

いい大人が泣くなんてみっともない。そんな姿を見せて、誰かの同情を誘いたいのか？さっさと涙を拭いて顔を上げるんだ。

抑えきれない感情は、秘めた思いのバロメーターだと捉えようよ。感情が溢れ出た時は、その理由を考えてみるといいかも。

結論

純粋な感情を押し殺すことなく
その反動でより高みを目指す

＼理想の自分に近づこうとしている人と分かち合いたい／

46 入江の教訓

「毎日続ける」という
成功体験を積めば
進歩するための
下地ができる。

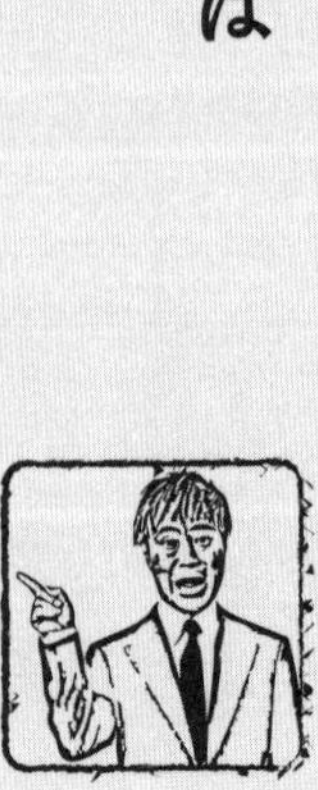

今日の自分は、昨日の自分よりも成長していることが理想です。

しかし、自分の成長や努力の成果は、
必ずしも定量的に把握できるものではありません。

ともすれば「最近自分は停滞しているのではないだろうか」と、
不安になる時もあります。

しかも、そんな心境の時に限って
「今日くらいは……。どうせ前に進まないならサボっちゃおう」
といった具合に、もうひとりの怠け者の僕が顔を出しがちです。

46

「毎日続ける」という
成功体験を積めば
進歩するための
下地ができる。

もちろん、時には休息やサボりも必要です。
でも僕の場合、どんなにネガティブな感情が頭をもたげる日でも、
絶対に実行する習慣を1、2個決めています。

「知らない漢字を覚える」「ダンベルを使って鍛える」
「散歩をする」など、些細なことでも構いません。

無理のない範囲で、必要最低限のノルマをクリアすることで、
「今日は後退しなかった」という安堵を得られ、
明日の活力につながると思っています。

入江の思考

何事に対しても意欲が湧かず
停滞してしまいそうな時

「毎日コツコツ」も「後でまとめて」も結果は同じ。気が乗らないなら一日くらい何もせず、休んでも誰も咎めないよ。

コツコツ続けることに意味があるんだ。今日できたから明日もできるはずっていう自信にもつながるよ！

結論

行き詰まっても立ち止まらない！
動き続けることに意味を見出そう！

＼理想の自分に近づこうとしている人と分かち合いたい／

47

入江の教訓

集中は続かない。
限られた時間で
意識的に集中力を高め
全力で取り組めばいい。

集中力の持続時間には個人差があり、また、限界もあります。
僕自身、100%集中して力を発揮し続けられるのは、
およそ20〜30分程度。回数は一日に数回といったところです。

この感覚は、芸人時代の習慣が関係しているのだと思います。
劇場などでお客さんの前に立つのは、短ければ5分、長くても30分。
それを一日に何度か繰り返すという「業務形態」だったので、
短時間集中型の習慣ができたのだと思います。

今は、それを踏まえて、
集中力を発揮する「スケジュール」を立てています。

47

集中は続かない。
限られた時間で
意識的に集中力を高め
全力で取り組めばいい。

まず、その日の清掃業務の予定と内容を確認しながら、「集中力のピークをどこに持って行くか」を考えます。

頑固な汚れを落とす作業、バックオフィス業務、会社の長期的なビジョンの策定など、一日の仕事の山場に、集中力を発揮するため、事前にシミュレーションをしておくのです。

丸一日、集中力を持続するのは無理な話です。
今の業務内容なら、一時間の集中が一日に三回ほど必要。
それを意識しながら、仕事の手順を組み立てているのです。

入江の思考

高い集中力を必要とする
難しい仕事が待っている時

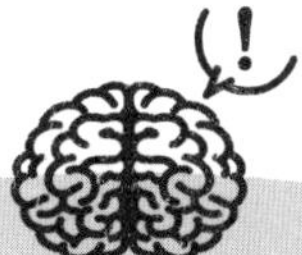

× 集中力の効率なんか考える必要はないよ。時間をかけてがむしゃらに働けば、成果を残せるに決まってるんだから。

○ 集中力を持続させるのが至難の業だと肝に銘じるべき。そのうえで、最適な手順を組んで、よりよい結果を求めようよ。

結論

一日の業務内容を意識しながら
集中力の出しどころを見極める！

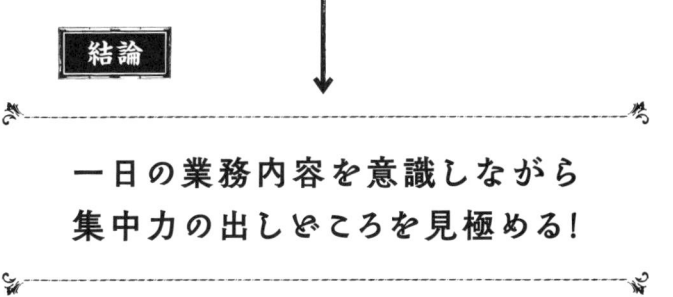

第5章

胸を張って前に進みたいあなたへ

【本章の内容】

「過去の過ちと向き合い、人生を立て直す道のりがどれほど険しいか」を僕は今、痛感しています。立ち止まっていては、何も変わりません。深い反省とともに、「なりたい自分」を目指し、行動に移す必要があります。この章では、人生を変えたいという強い思いから行動し、その過程で得た気づきと、前進する力を与えてくれたマインドセットを綴っています。

＼ 胸を張って前に進もうとしている人と分かち合いたい ／

48

入江の教訓

心身のリセットは手軽で継続的に行える方法を選ぶ。

集中して仕事をしたあとや、いろいろなことが立て込んだあとは、
心身ともに疲れ切ってしまうことがあります。
そんな時に、お金も時間もかけずに実践できる、
自分なりのリフレッシュ方法を知っていることは、
とても大事だと思っています。

近所を散歩したり、サウナに入ったり、美味しいものを食べたり。
選択肢は、人それぞれ無限にあるでしょう。

大切なのは、必要な時にいつでもすぐに実践できることです。

さらに、何度でもためらいなくできるよう、

48

心身のリセットは手軽で継続的に行える方法を選ぶ。

お金がかからないものがいい……というのが僕の考え方。
僕の場合は「過去の日記に目を通すこと」がそれにあたります。

芸人時代から欠かさず書き続けている僕の日記には、
これまでに経験した出来事やその時の心境、
誰かに怒られた時の記録まで（笑）
すべて綴られています。

昔の自分と今の自分を、時に主観的に、時に客観的に比較する。
そして、自分のなかで変わったもの、変わらないものを見極める。
その行為を通じて、自分をアップデートしていくことが、
僕にとって最高の気分転換なのです。

入江の思考

心身の疲労が溜まり始めて
リフレッシュが必要な時

×

ちょっと疲れたくらいで立ち止まっていたら成功は掴めない。人が休んでいる間も努力して差を付けていくことが大事だよな。

○

心身が疲弊したら元も子もない。全力で頑張り続けたいのなら、日常に組み込める手軽なリフレッシュ方法を見つけてみない?

結論

いつでも実践できる方法で
ストレスの吐き出しを行おう

＼ 自信を持って前に進みたい人と分かち合いたい ／

49

入江の教訓

もらったアドバイスで
どんな成果が出たか
結果報告をするまでが
「相談」である。

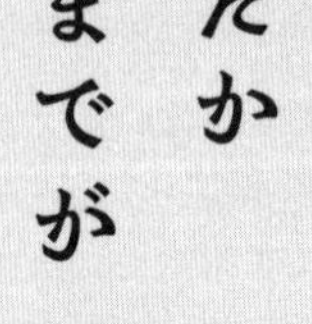

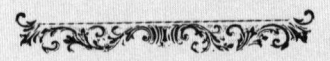

誰かにお世話になった時、
その場で感謝の気持ちを伝えるのは当たり前だと思いますが、
それと同じくらい重視していることが「結果報告」です。

僕は芸人時代から、先輩や同期の仲間、さまざまな業種の知り合いに、
相談したり、励ましてもらったりしてきました。

その繰り返しのなかで感じたのは、親身になってくれる人ほど、
「その後、どうなったか」まで、気にかけてくれるということ。

だから僕は意識的に
「先日相談させていただいた件、こういう結果になりました」

49

もらったアドバイスで
どんな成果が出たか
結果報告をするまでが
「相談」である。

と報告をするようにしています。

相談したあと、どうなったかを聞くこともなく、
気にかけ続けてくれる方もいます。

結果が出るまで時間がかかることでも、
満足のいく結果が出なかった時も、
報告すると安心してくれるし、
また別の角度からアドバイスをいただけることもあります。

恩返しを考えることはもちろんですが、
何よりも「結果報告」だけは確実に、と僕は思っています。

入江の思考

誰かに相談したおかげで何らかの成果を得られた時

×

人によっては適当にアドバイスしてくる人もいるんだから、相談したあとのことなんて深く考える必要はないよ。

○

助言をしたあとも気にかけ続けてくれる人がいる。報告をしてその人を安心させることで、よい関係を続けられるのでは？

結論

アドバイスをどう生かしたかも含め、顛末をきちんと伝える！

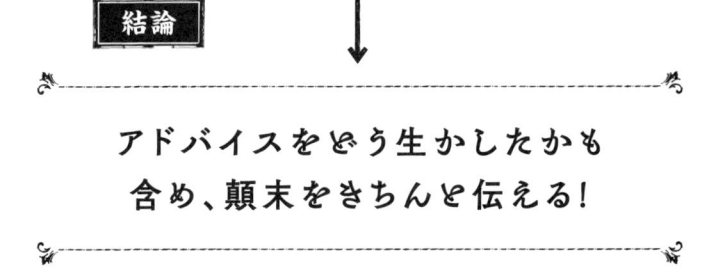

＼ 自信を持って前に進みたい人と分かち合いたい ／

50 入江の教訓

相手に合わせず
「擦り合わせる」ことで
有意義な議論が生まれ
よりよい結論に達する。

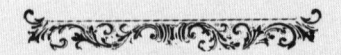

仕事の現場では、仲間と意見を出し合ったり、
議論を重ねたりすることが大切だと思っています。

ただ、周囲の人と違う意見を言うのは勇気がいるし、
摩擦を生みかねない行動でもあります。

若い頃の僕は
「こんなことを言って、関係がこじれたらどうしよう」と思い、
本意ではない意見に同調することもありました。

しかし、それでは意見交換どころか、
壁打ちの役割すら果たしていないことになります。

50

相手に合わせず
「擦り合わせる」ことで
有意義な議論が生まれ
よりよい結論に達する。

今の僕は、相手と違う意見を持っている時に、
とにかく自分が感じたことを丁寧に伝えるようにしています。
年下のスタッフの意見にも、しっかり耳を傾けます。

目的はよりよい方向を模索することであって
相手の意見を潰すことではありません。

僕の意見と相手の意見の間にあるものを探り、
ギャップをお互いで埋めていけば、
決裂することもないし、
見当違いの結論を出すこともないと感じています。

入江の思考

違った意見を持つ仲間と協調する必要がある時

×

自分と意見が合わない人と出会ったら、適当に流して付き合うか、付き合いを絶つか、どちらかにするとすっきりするよ。

○

意見が合わなくても、どこがどう合わないか、何で合わないかをはっきりさせていけば、よりよい解決策が見つかるはず。

結論

異なる意見の差分と理由を言語化すれば折り合いがつく

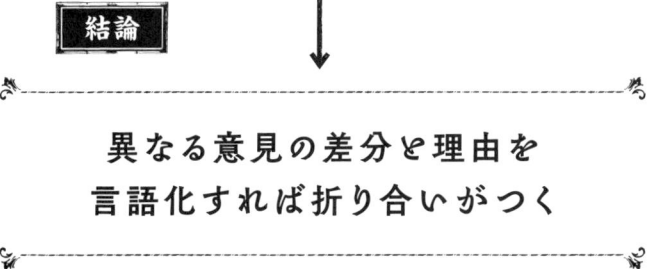

自信を持って前に進みたい人と分かち合いたい

51

入江の教訓

どんなおもてなしでも
相手が求めるものと
ズレていたら
満足してもらえない。

僕は何かと周囲に気を遣う性格なのですが、
目上の方と一緒にいる時は、とくにそれが顕著になります。
それこそ若手芸人時代は、気遣いの〝加減〟がわからず、
やりすぎてしまうこともありました。
先輩と飲みに行って料理を取り分け、お酒を作り、
最後は見えなくなるまでお見送りをして……。
褒められたいわけではなく、純粋に
「気持ちよく過ごしてもらいたいから、全力で気配りしよう」
と思っていたのです。

入江の教訓

51

どんなおもてなしでも
相手が求めるものと
ズレていたら
満足してもらえない。

しかし実際のところ、そういった度がすぎた気遣いは、
場を白けさせるケースもあったようで、
ある日、先輩から注意を受けました。

「本当に相手のことを大切に思うなら、
気づかれないレベルで気を遣え」と。
「礼節をわきまえ、さりげなく行動すればそれで充分」だと。

大切なのは、相手がその瞬間に何を求めているのかを
察知する能力だったのです。

入江の思考

目の前にいる人に対して
最上級の気配りをしたい時

×

誠心誠意を尽くしてもてなせば、誰だって気持ちよくなるだろう。他の奴と差を付けるために、積極的なアピールをしよう。

○

「気を遣う」行動より「気が利く」と思われるほうがいい。相手がその場で何を望んでいるか理解することが大切だぞ。

結論

相手の気持ちを推し量ることが
最上級の気遣いってことなんだ！

＼ 自信を持って前に進みたい人と分かち合いたい ／

52

入江の教訓

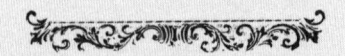

自分が「できること」を
知っている必要はない。
「できないこと」こそ
知っておく必要がある。

新しい人間関係を作る時には、
自分のことを、高く評価してもらいたいと思いがち。
でも、そういった感情が芽生えると、
背伸びした自分をアピールすることになります。

芸人時代の僕は「デキる」自分をアピールしようと
よく必死になっていたものです。

今になればわかりますが、
そんな「自己中」なアピールは、相手に伝わらないどころか、
「自己顕示欲が強い人なんだ」と、
否定的に捉えられる可能性もあります。

52

自分が「できること」を知っている必要はない。「できないこと」こそ知っておく必要がある。

この年になって実感するのは、賢いフリをするよりも、無知である己を知ることのほうが、大切だということ。

現時点で自分がどんな状態にあって、どんな評価を受けているか……といったことさえ、意識する必要はありません。

自分の足りない部分を知り、埋める姿勢を貫いていれば、それをたまたま見ていた誰かが、よい評価を下してくれるでしょう。

無理をして背伸びをしないことが肝心です。

入江の思考

出会ったばかりの人に
自分を知ってもらいたい時

×

自分を高く評価してもらうためには、積極的に売り込む必要がある。ハッタリをかまして、自分を大きく見せることも必要だよ。

○

自分が「スゴい」かどうかを決めるのは自分じゃなくて他人。その評価を無理に求めても、逆効果になるかもしれないよ。

結論

自分を大きく見せる方法よりも
大きくないことを知るのが先

自信を持って前に進みたい人と分かち合いたい

53 入江の教訓

好奇心は原動力。
新たな出会いは
自分にさらなる成長を
もたらしてくれる。

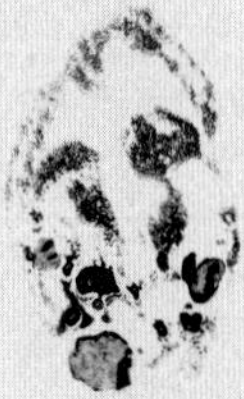

僕は若い頃から「好奇心旺盛」な人間です。
友人との会話のなかで興味をそそられるポイントがあれば、すぐにそれについて調べます。
知らなかったことが自分の知識になっていくのが、楽しいからです。

そんな僕がもっとも大事にしているのは「人間」への好奇心です。

はじめてお会いした人に対して、「どんな人なんだろう」「どんな仕事をしているんだろう」と興味を持つことは、その人を深く知るだけでなく、僕の知らないさまざまなことを知るきっかけにもなります。

入江の教訓 53

好奇心は原動力。
新たな出会いは
自分にさらなる成長を
もたらしてくれる。

「○○という仕事って、どんなものなのだろう」
「どんな知識が必要なのだろう」
掘り下げていくことで話題も増え、
相手との関係性は濃密になっていきます。
時に自分の仕事や事業に生かせるような知識、
気づきを新たに得られることもあります。
僕は「ミーハー」が悪いことだとは思いません。
「人間への好奇心」というものは、公私ともに
僕にとって非常に重要なものになっています。

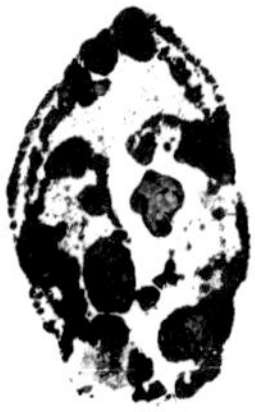

入江の思考

新しい人間関係を有益なものにしたい時

×　他人の人生にあまり首を突っ込むもんじゃないよ。深い付き合いができる人なんて、どうせ一生でひと握りだけなんだから。

○　自分にはない他人の知識、経験、人生に触れると貴重な発見があるし、その人との関係性を深めることにもなるよ。

↓

結論

出会った相手に好奇心を持つことは自分の成長を促すきっかけになる

54 入江の教訓

怒られるのは嫌なこと。
だからこそ向き合って
二度と嫌な思いを
しない努力をする。

世間知らずだった僕は、芸人時代、
しょっちゅう先輩に怒られていて、
いつしかそれに怯えるようになりました。

だから、自分が注意を受ける状況では、
先輩の怒りが頂点に達する前に、
大げさにしょげ返って怒りにくい状態を作り、
その場はうやむやにしてほとぼりが冷めた頃に
謝罪に行くということをしていました。

当時は「いかに先輩に怒られないか」ばかりを考え、
「なぜ怒られているのか」「どうすれば怒られなかったのか」

という方向に発想が向いていませんでした。

先輩は、愛情を持って僕のことを思って叱ってくれているのに、
それに向き合うことを拒否していた自分は、
なんて不義理でもったいないことをしていたのか、と今は思います。

大人が大人に対して怒る時は、必ず理由があります。
その理由に向き合うことができれば、
自分に足りないものが確実に見えてくるはず。

今さらながらに、怒られる機会があれば、
それを無駄にしたくないと、強く思っています。

入江の思考

厳しく注意されたことで
心が折れそうになった時

×

怒らなくたって伝えられるのにどうしてわざわざ怒るんだ。怒る側だって疲れるだろう。そんなに悪いことをしたかなあ……。

○

たとえきつく怒られたとしても、感情の揺れに負けてはダメ。冷静に受け止め、自分を修正する糸口を見つけなきゃ。

結論

怒りの言葉や背景に込められた
真のメッセージを把握しよう!

＼ 自信を持って前に進みたい人と分かち合いたい ／

55

入江の教訓

仕事は緊張するもの。
不安になるもの。
そう割り切ったうえで
万全の体制を整える。

以前の僕は、目の前の仕事に挑む際にあえて
「こんなのチョロい」「簡単にこなせる」と思うようにしていました。
弱気な心を叱咤し、委縮しないよう臨むという意味においては
効果があったのかもしれません。

ただ、徐々にこの手法はうまく機能しなくなりました。

浅はかな僕は、目の前の仕事を「簡単」だと思い込むようにした結果、
つぎ込む労力や時間の見積もりが甘くなり、
ミスが増えてしまったのです。

55

仕事は緊張するもの。
不安になるもの。
そう割り切ったうえで
万全の体制を整える。

その教訓を踏まえ、今は１８０度思考を転換。
どんな仕事も「手強いに決まってる」と思って
向き合うようにしています。
あえて生み出した緊張感を、自分を委縮させる要因と思わず、
慎重に取り組むための「戒め」にしたのです。
すると、仕事を無事に終えられた時、達成感を味わいつつも、
兜の緒を締め直すことができます。
この思考で仕事に取り組むようになってからは、
イージーミスがかなり減った気がします。

入江の思考

自信を持って臨んだのに
ケアレスミスを連発した時

何事も慣れが大事。仕事に慣れれば不安や緊張はなくなるよ。肩の力をだるんだるんに抜いて、仕事をこなしていこうよ。

初めて仕事に臨んだ時の緊張感はずっと持ち続けたいね。初心を忘れることなく取り組んでいけば、常に集中できるはず。

結論

リラックスしてミスが増えるなら
あえて緊張して集中力を高めるべき

自信を持って前に進みたい人と分かち合いたい

56 入江の教訓

共通点は心の距離を
縮めるきっかけになる。
仕事につながっても
つながらなくても。

初対面の人と仕事で出会った時、
僕は相手との「共通点」を探すようにしています。
好きな食べ物でもファッションブランドでもいいし、
スポーツや趣味でも構いません。

専門分野やキャリアが違っても、
共通して好きなもののひとつやふたつは
見つけられるものです。

そして、何かしらでも共通項が見つかれば、
仕事においても、同じビジョンを描けると思っています。

入江の教訓

56

共通点は心の距離を
縮めるきっかけになる。
仕事につながっても
つながらなくても。

これは自分の感覚によるところが大きいのですが、
共通の嗜好がひとつでもあるということは、
少なくとも特定の分野では、「同じ感性」を持っている
ということになるのではないかと思うのです。

その共通点を入口にすれば、相手のことをより知りたくなります。
逆に、自分とは違う部分も見えてくる気がします。
相手との違いではなく、相手と同じ部分に目を向けていれば、
仕事で意見が対立しても深刻化しません。

だから僕は、観察や雑談を通して、
相手の「好み」を知ることを大切にしています。

入江の思考

誰かとの共同作業を円滑かつ、快適に進めたい時

✕ はじめて会った人がどんな人間かわかる訳がない。細かい人物評は後回し。とにかく主導権を握り、どんどん先に進もう。

○ 一緒に仕事をする人とは、同じ方向を向いていたい。共感し合える部分を見つけて、足並みをそろえられたらいいな。

結論

共通の話題や趣味を見つけて目指すべき共通の目標につなげよう

＼ 自信を持って前に進みたい人と分かち合いたい ／

57

入江の教訓

向いていないことに
挑戦する時には
手本となる人を
真似るのが近道。

僕は芸人時代から、何かの理由で
その場を取り仕切らなくてはならない時、
どう振る舞うべきかを慎重に考えてきました。

僕は本来、率先して人を引っ張っていくタイプではありません。
それでも、飲み会を仕切ったり、
仕事の現場で指揮を執ったりする場面があります。

そんな時は、自分の憧れる「理想の人」を具体的に思い浮かべ
その振る舞い方を真似て行動するようにしています。

たとえば、カリスマ性を感じる先輩、

57

向いていないことに
挑戦する時には
手本となる人を
真似るのが近道。

大人数の社員を率いる大企業の社長さん。

自分にはそんな度量はないけれど、できるだけ背伸びをして、「優秀なリーダー」を演じるのです。

自分が統率する以上、その場を何とか成立させたい。
その一心で、不安でいっぱいの内面を悟られることのないよう、できるだけ堂々と振る舞います。

正直、いつも成功するとは限りません。
それでもいつの日か、誰からも頼られる真のリーダーになれるまで必死に演じ続けようと思っています。

入江の思考

決して得意ではないことを引き受けざるを得ない時

人には向き不向きがある。向いていない自覚があるのなら、潔く役割を辞退することも重要でしょ。無理したって恥をかくだけ。

時には背伸びしてみるのも悪くないんじゃない？　理想の人を演じているうちに、自分が成長できるかもしれないし。

結論

なりたい自分になったつもりで役割を演じきれば自信がついてくる

自信を持って前に進みたい人と分かち合いたい

58

入江の教訓

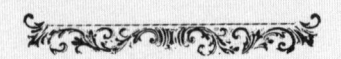

頼みごとをしても
頼めるのは過程だけ。
結果まで引き受けて
もらうことはできない。

お笑い以外の仕事にかかわった時や、
手間のかかる作業や実務に直面した時、
かつての僕はそれを誰かに「丸投げ」することがありました。
「餅は餅屋」ではないですが、自分より知識や経験の豊富な人に
任せるほうがいいと思っていたからです。

しかし、「丸投げ」をしているということは、
自分がやりたくないことや、苦手なことを
押し付けているだけとも言えます。
それでは、いい結果も生まれにくいでしょう。

だから僕は、人に任せたほうがよい結果が得られると

58

頼みごとをしても
頼めるのは過程だけ。
結果まで引き受けて
もらうことはできない。

判断した場合でも、最低限の仕組みや理論だけは勉強し、把握するようにしています。
コミュニケーションを取りながら進捗は自分で管理し、気持ちよく作業してもらえる環境作りも欠かさない。

最近では、会社のスタッフに仕事を頼む時にもそれを意識するようにしています。
頼みごとをする時こそ、もっとも気遣いが必要。

頼んだ仕事が成功したら、引き受けてくれた人の手柄。
万が一不調に終わったら、自分の責任。
そういう関係が築ければ、チームが円滑に回っていく気がします。

入江の思考

作業の手が足りずに
誰かの力を借りる時

×　面倒な作業は丸ごと他人に任せればその時点で完了したも同然。対価も支払うわけだから、失敗はもちろん許さないぞ。

○　誰に頼もうが、成果が必要なのは自分。責任の所在だって自分にある。それを念頭に、適切な管理をしなくちゃ。

結論

精度の高い結果を求めるなら
信頼される発注者になることが大事

自信を持って前に進みたい人と分かち合いたい

59

入江の教訓

人生はレースだが
ひとりで走る必要はない。
仲間とゴールを
目指せば苦難も楽しい。

成功を掴むためには「野心」が必要だという方がいます。
個人的に、野心という言葉には「他者を出し抜く」や「他者を差し置いてでも自分がのし上がる」というニュアンスが含まれている気がします。

何かで成功を収めるには、そのくらいの覚悟がなければ成し遂げられないということなのかもしれません。

ただ僕は、今までひとりで何かを成し遂げたことはありません。
志を持ち、目標を設定して、試行錯誤を続けてきましたが、横には常に仲間がいました。

入江の教訓

59

人生はレースだが
ひとりで走る必要はない。
仲間とゴールを
目指せば苦難も楽しい。

ともに行動してくれる人、助言をくれる人、
時に、耳の痛いことを言ってくれる人。
たくさんの人の支えが、前に進むための原動力になりました。

騒動を起こしてしまった直後は、
この先、ひとりで生きていかなくては……と覚悟しましたが、
こんな自分を支えてくれる、たくさんの人と巡り会えました。
もしいつか、僕が大きな成果を手にしたとしても、
分かち合える仲間がいなければ、心は満たされません。

今、自分の周りに「喜びを共有したい」と思える仲間が
いることを、誇らしく思います。

入江の思考

自分の目標達成のために
孤独な戦いを覚悟した時

成功を掴むためにはなりふり構ってられない。人を利用して、出し抜いて頂点を目指そう。成功者はみんな孤独なんだから。

仲間と同じゴールに向かって歩けば、高い壁も乗り越えられる。手を取り合える同志を大切にしよう。

結論

仲間がいるからこそ前に進める！
その事実をあらためて心に刻もう

＼ 自信を持って前に進みたい人と分かち合いたい ／

60

入江の教訓

どんな先入観も
すべて受け止めつつ
変えるべき点を
見極めることが大切。

僕のように、世間から注目してもらったり、
逆に世間に迷惑を掛けて、お騒がせしてしまったりという
経験をしてきた人間は、さまざまな「先入観」を持たれます。

ポジティブなものであれば、仲を深めるきっかけになりますし、
ネガティブなものであれば自分への戒めになります。

ただ、あくまでも「先入観」ですから間違っているものもあります。
ポジティブな先入観は受け流しもできますが、
ネガティブな先入観は落ち込みます。
それでも受け止め、自分に取り込み、直すべき部分は直す。
「自分と向き合う」とは、そういうことだと思っています。

入江の教訓

60

どんな先入観も
すべて受け止めつつ
変えるべき点を
見極めることが大切。

「闇営業の入江」という言葉は一生ついて回ります。
過去の自分を悔やみ、情けなく思うこともありますが、
逃げてはいけないとも思います。

今、僕にできることはそれほど多くありません。
ただ、目の前のお客様、目の前の仕事に
誠意を持って向き合うことで、あの「闇営業の入江」が
少しは真っ当になったんだなと思ってもらい、
少しずつ周囲からの信頼を得るしかない。
ひとつひとつ、「やるしかない」のです。

その思いが、今日も僕の背中を押してくれています。

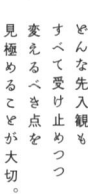

入江の思考

他人の先入観を気にしすぎて自分らしさを発揮できない時

×

世間にどう思われようと、何と言われようと、気にしなくていいよ。一度も会ったことのない人に、何がわかるって言うんだ。

○

たとえ納得のいかない先入観を持たれたとしても、それは自分の行いによる産物。変えたいのならば、行動するしかないね。

結論

先入観は簡単に捨ててもらえない
努力して払しょくするしかない！

自信を持って前に進みたい人と分かち合いたい

61

入江の教訓

焦ることは
悪いことじゃない。
もどかしさは
悪いことじゃない。

僕は現在47歳。
決して若くはないと思っていますし、
歳を重ねるごとに焦りを感じます。

年齢をやたらと気にするのは、
他人と自分を比較しがちな性格ゆえ。

この歳になると、同年代で
大きな仕事を手がけている仲間が数多くいます。
つい自分と比べてうらやましく思い、
焦りを感じることもしばしばです。

入江の教訓

61

焦ることは
悪いことじゃない。
もどかしさは
悪いことじゃない。

でも僕は、焦ることが必ずしも悪いことだとは思いません。

成功した方の話を聞くと、焦りの気持ちが湧き上がり
自分を発奮させられる気がするんです。
自分の立ち位置を、客観的に見つめ直す機会にもなります。

僕が人生のひとつの区切りと考えている50歳まであと3年。

清掃の業界に身を投じてから一年余りで起業し、
現在は、全国で33店舗となりました。
早いと言っていただくこともありますが、自分ではそう思いません。
もっともっとスピードを上げて頑張りたいと思います。

入江の思考

自分の年齢を反芻し
焦りを感じてしまう時

× 人生は長い。ゆっくりと余裕を持って進んでいったほうが有意義だぞ。何かを成し遂げるのに年齢は関係ないんだから。

○ 無理して空回りすることはないけど、目的意識とスピード感を持って、焦りつつ頑張ったほうがいいんじゃない？

結論

焦りをネガティブに捉えず
より早く成長するための燃料にする

自信を持って前に進みたい人と分かち合いたい

62

入江の教訓

どんなつらい過去とも
向き合う必要がある。
生きることを
やめたくないのなら。

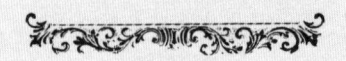

この本では、僕なりの「過去の自分と向き合う方法」や「未来の歩き方」をお伝えしてきましたが、どんな振る舞いをしても、過去の過ちが消える訳ではありません。今でも折に触れてあの時のことを思い出し、後悔の念に駆られます。

僕は、一度過ちを犯した人が再起を図る時は、その人の覚悟が試される時だと思っています。

自分の思い、周囲に掛けた迷惑……背負うものがあまりに多く、いまだに、すべてを放り出したくなる時があります。

でも僕は、その度に「やるしかない」と言い聞かせ、前に進みます。

入江の教訓

62

どんなつらい過去とも
向き合う必要がある。
生きることを
やめたくないのなら。

追い詰められた時の考え方は、人それぞれ異なります。
追い込まれすぎて、ポジティブな言葉もネガティブな言葉も
耳に入ってこない人もいるでしょう。
それを承知で、あえて何かしら言葉にするならば、
思い詰めて、思い詰めて、思い突き詰めること、です。
人が本当に絶望してしまうのは、
考えることを放棄した時だと思うからです。
人生は諦めてしまったらおしまいです。
最後の最後まで、僕はもがき続けることになるでしょう。

入江の思考

つらい思い出が頭に浮かび 幸せな未来が思い描けない時

×

つらい過去は忘れてしまおう。楽しかったことだけ憶えていればいいんだ。そうしなきゃ真の意味で再出発を図るのは難しい。

○

どんな過去だって、今の自分の土台なんだ。つらいからって切り離したら、自分ではなくなってしまうぞ。

結論

自分と向き合うためには 過去との対峙を避けられない

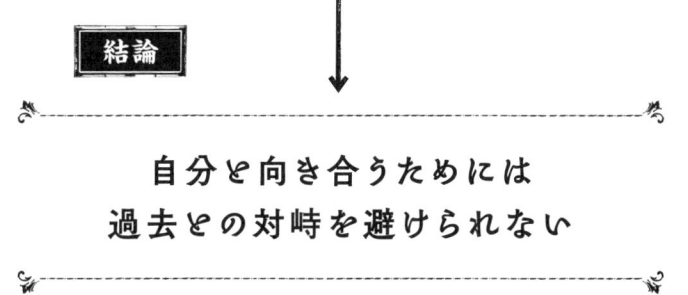

おわりに

芸能界から離れ、清掃業界に足を踏み入れるまで、
僕は「会社勤め」をしたことがありませんでした。
ですから、正しい仕事の探し方も、就職活動の方法もわかりません。
もちろん転職の仕方もわからないし、
まして、一度失ったキャリアを立て直す方法など、
知るよしもありませんでした。

無職になり、反省の日々を過ごしながらも、
なんとか生きていくために、そして、ご迷惑をおかけした方々と誠心誠意向き合い、償うために何かアクションを起こさなくてはならないと思っていました。

思い切って清掃の仕事をすると決めて、ハウスクリーニング会社の門を叩き、自分の居場所を作るまでの過程は、ほぼ手探り状態。

自分のやってきたことが役に立つ場面もあれば、
「これだ！」と思ったことが見当違いだったこともあります。
その試行錯誤から生まれたのが、この本です。

世の中には40代という、社会人としての安定を求められる年代で、人生の転機を迎える人も、少なからずいらっしゃると思います。

その理由が、僕のようなネガティブな事情ではないにせよ、新たな世界に身を投じるのは、簡単ではないでしょう。

それでも前に進もうとする人を、僕は尊敬します。


そんな人たちに向けてこの僕が「アドバイスをしたい」などと言うのは、おこがましい限りです。


ただ、自分の経験と、試行錯誤の中で感じたことをシェアすることくらいはできるのではないか。

もしかしたらそれが、この先、新しい一歩を踏み出す人たちの役に立つのではないか。そう思って、この本を書き上げました。

時間というものは、意思とは無関係に流れ、止まることなく進んでいきます。

僕の経験が、新たな挑戦に踏み出す人の支えとなるなら、それ以上に嬉しいことはありません。

自戒と反省を込めて。

2025年1月

入江慎也

40歳オーバー、挫折あり、新人、未経験。

絶望の淵で得た、人生を諦めないための教訓

著者　入江慎也

2025年2月10日　第1刷発行

発行人　塩見正孝
編集人　槻 真悟
デザイン　山本祥成（樹山本）
撮影　村本祥一
DTP　松下知弘・山本和香奈
編集協力　溝口敏正
発行所　株式会社三才ブックス

〒101-0041
東京都千代田区神田須田町2-6-5 OS'85ビル
TEL：03-3255-7995（代表）
FAX：03-5298-3520
Mail：info@sansaibooks.co.jp

印刷・製本　TOPPANクロレ株式会社

ISBN978-4-86673-444-6　C0095

入江慎也

（いりえ・しんや）

1977年、東京都出身。1997年、高校の同級生だった矢部太郎とお笑いコンビ「カラテカ」を結成。吉本興業に所属し、芸能活動を始める。テレビ、舞台などで活躍したほか、イベントの主催といった分野でも才能を発揮。起業家やアスリートなども含めた幅広い人脈を築き、“友達5000人芸人”としても知られるようになる。2019年、いわゆる“闇営業騒動”の当事者としての責任を問われ、所属事務所から契約解除を言い渡された。その後、清掃会社にてアルバイトを始め、2020年にはハウスクリーニングを行う会社「株式会社ピカピカ」を設立。代表に就任した。現在は30店舗以上のフランチャイジーを束ねつつ、清掃業務に邁進している。